쇼펜하우어의 논쟁적 변증술

쇼펜하우어의
논쟁적
변증술

ARTHUR SCHOPENHAUER

말싸움에서 이기는 38가지 요령

아르투어 쇼펜하우어 지음

홍성광 옮김

'인간은 어떤 특별한 목적이 없이도
타인에게 고통을 가하는 유일한 동물이다.'

– 아르투어 쇼펜하우어

1860년 쇼펜하우어가 사망한 후 거의 완성된 원고가 제목 없이 그의 유고에서 발견되었다. 그 유고는 1830년경에 작성된 것으로 추정되었다. 이 텍스트는 그동안 "토론의 법칙", "논쟁에서 이기는 기술", "논쟁에서 이기는 방법"과 같은 다양한 제목으로 발간되었다. 에두아르트 그리제바흐Eduard Grisebach 박사가 그 유고의 내용을 일부 수정 보완해서 책을 펴냈는데 이 책은 그의 수정본[1]을 번역한 것이다.

쇼펜하우어는 1851년에 발간된 에세이집 『소품과 부록Parerga und Paralipomena』[2] 제2권에 「논리학과 변증술에 대하여Zur Logik und

---

[1] Arthur Schopenhauer. Arthur Schopenhauer's handschriftlicher Nachlaß. Aus den auf der Königlichen Bibliothek in Berlin verwahrten Manuskriptbüchern herausgegeben von Eduard Grisebach. Zweiter Band: Vorlesungen und Abhandlungen. Leipzig Philipp Reclam jun.

[2] Arthur Schopenhauer, Parerga und Paralipomena II, Sämtliche Band V, suhrkamp

Dialektik」라는 짧은 장을 마련하고 있다. 그러니까 유고를 완성하고 20여 년이 지난 시점이었다. 「논리학과 변증술에 대하여」는 그동안 한국에서 소개된 적이 없었는데 이 책에서는 그것을 처음으로 독자들에게 선보인다는 점에서 의의가 있다고 하겠다. 발간하지 않고 숨겨둔 원고와 함께 쇼펜하우어가 실제로 세상에 내보인 글을 같이 살펴보는 것이 필요하기 때문이다.

쇼펜하우어는 이 글에서 논쟁에서 이기는 38가지 요령 또는 술수를 다루고 있다. 해설에서는 쇼펜하우어의 간략한 생애와 아울러 논쟁의 달인으로서의 그의 면모를 자세히 밝히고 있다. 또한 38가지 요령에 대한 보충 설명인 논쟁적 변증술에서는 1) 연역법을 이용한 공격과 방어 2) 귀납법을 이용한 공격과 방어 3) 논쟁의 여러 가지 술수들 4) 뻔뻔한 수법을 써서 대응하라, 이 네 가지로 쇼펜하우어의 변증술에 대해 상세히 살펴보고 있다. 또한 오류론에서는 논리적 오류에 대해 1. 언어적 오류 2. 심리적 오류 3. 자료적 오류 4. 가정의 오류, 이 네 가지로 정리하여 풍부한 예를 들어 소개하고 있다.

부록에 실린 「논리학과 변증술에 대하여」에서 쇼펜하우어는 말싸움이나 논쟁에서 이기는 38가지 전체 요령을 밝히는 대신 몇 가지만 표본으로 소개한다고 말하면서 그 이유를 밝히고 있다.

"그렇지만 지금 이전에 쓴 글의 수정 작업을 하면서, 나는 비열한 인간 본성이 그 부족함을 은폐하기 위해 이용하는 그러한 부정한 수단과 술수의 면밀하고 상세한 고찰이 더 이상 나의 기질에 맞지 않음

taschenbuch wissenschaft, 1986.

을 발견하고, 그 같은 고찰을 그만두기로 한다."

　쇼펜하우어가 60대 초가 되어 생각해보니 40대 초에 쓴 '부정한 수단과 술수의 면밀하고 상세한 고찰'이 자신의 기질에 맞지 않는다는 것이다. 그가 기록한 논쟁에 이기는 술수들은 지금은 논리학에서 대체로 오류로 취급받는 것들이다. 그러니 쇼펜하우어도 이제 나이가 들고 보니 그런 비열한 술수를 세상 사람들에게 보이고 싶지 않았을 것이다. 그러면서 그는 앞으로 자신과 같은 종류의 일을 시도할 생각이 들지도 모르는 사람들에게 그 사안을 다루는 자신의 방식을 보다 자세히 설명하기 위해, 몇 가지 전략Strategem을 표본으로서 소개한다고 밝힌다. 그리고 논쟁의 일목요연함과 명료성 때문에 그 글에서 그 전략의 개요를 기록해 둘 가치가 있으리라 생각된다는 것이다.

　쇼펜하우어는 「논리학과 변증술에 대하여」에서 '확대하기', '억지 결론을 이끄는 '그릇된 삼단논법'을 적용하라', '화제를 다른 데로 돌려라'라는 세 가지 전략을 견본으로 제시하고 있다. 이것들은 논리학 개념을 모르더라도 우리가 일상생활에서 흔히 쓰고 있는 술수들이다. 특히 말싸움에서 불리한 경우 화제를 다른 데로 넘김으로써 위기에서 빠져나오려고 하는 경우가 허다하다. 그러면 상대방은 예상되는 승리를 눈앞에 두고 그쪽으로 관심을 돌릴 수밖에 없게 된다. 이처럼 화제의 전환은 정직하지 않은 논쟁자들이 대체로 본능적으로 이용하는 요령 중 가장 많이 사용하는 기술이다. 그리고 그들이 난관에 봉착하자마자 거의 불가피하게 선택하는 수단이기도 하다.

　그러면서 쇼펜하우어는 논쟁에서 이기기가 아니라 오히려 말싸움을 피하기 위해 이런 기술을 참조할 것을 충고한다. 그렇지만 상대방의 논거가 옳아 보이더라도 논쟁을 즉시 포기하지 말 것을 부탁한다. 나중에 가서 우리의 견해가 옳았음이 밝혀질지도 모르기 때문이라는 것이다. 그러니 약점과 사안에 대한 신뢰의 부족 때문에 그 순간의 인상에 굴복하지 말 것을 충고한다. 어쨌든 논쟁의 순간에는 진리를 위해서라기보다는 우리의 명제를 위해 싸워야 하기 때문이라는 것이다.

인간은 본성상 항상 자신이 옳다고 주장하는 법이다. 변증술은 논쟁의 상대방이 무언가를 반박하거나 무언가를 증명하여 주장할 때 사용하는 말하기 기술로, 그 목적은 '오로지 자신의 주장이 옳다는 것'을 견지하는 것이다. 반면에 논쟁술Eristik은 '정당한 수단을 쓰든 정당치 못한 수단을 쓰든' 자신의 주장을 방어하고 상대방의 주장을 무너뜨리는 데 사용하는 기술이다. 그러므로 쇼펜하우어는 논쟁술을 좀더 가혹한 표현으로 본다. 그래서 쇼펜하우어는 자신의 원고 제목을 변증술이라 부르고 싶지만, 오해를 피하기 위해 '논쟁적 변증술'이라는 제목을 단다고 밝힌다.

쇼펜하우어는 변증술을 정신적인 검술이라고 지칭한다. 변증술은 진리와 아무런 관련이 없다는 것이다. 이는 논쟁으로 인해 결투가 벌어질 때 검도 사범이 누가 옳은지에 신경 쓰지 않는 것과 마찬가지이다. 일단 말다툼이 벌어지면 사람들은 제가끔 대체로 진리가 자기 쪽에 있다고 생각한다. 이때 '찌르고 막는 것, 그것만이 중요할 뿐이다.' 쇼펜하우어는 자신이 수집해 모은 요령이나 전략을 검술에서의 정식 찌르기가 아닌 검술의 거짓 동작에 비유한다. 그런데 『노자』 제22장에 "오직 다투지 않으므로, 천하에 그와 다툴 자가 없다."라는 표현이 있듯이 다투지 않는 것이 제일 상책일지도 모른다. 하지만 부득이하게 일단 말싸움이 벌어지면 논리를 가장한 상대방의 교묘한 술수와 속임수에 넘어가서는 안 될 것이다. 게다가 방어에만 급급하지 않고 예리한 공격으로 상대방의 궤변에 적절하게 대응하는 것이 중요하다. 그러기 위해서는 이 책을 통해 미리 자신의 관점을 정립하고 충분히 대비해두는 것이 필요할 것이다.

요령 구사를 위한
사전 지식

1 논리학[3]과 변증술[4]

1. 논리학[5]과 변증술은 서로 매우 다른 것이다. 그런데도 고대인들

---

3 논리학은 어떤 주장을 하는 명제들의 논리적인 연결 관계를 분별하는 원칙과 절차에 관한 학문이다. 그런데 논리학은 명제들의 연결 관계에만 주목할 뿐이지, 그 명제들의 참·거짓을 확인하는 일은 하지 않는다. 현대적 의미의 논리학을 처음으로 체계화시킨 사람은 고대 그리스의 철학자 아리스토텔레스이다. 그는 인간의 사고방식에 타당한 형식과 부당한 형식이 있다고 보고, 그 타당성을 식별해 줄 수 있는 방법을 체계화시켰다. 그가 논리학을 체계화하는 과정에서 발견한 하나의 중요한 사실은 연역 추리의 타당성이 논증의 형식에 의존한다는 것이었다. 이런 이유로 아리스토텔레스의 논리학을 형식논리학(formal logic)이라고도 부른다.

논리학에서 사유의 법칙으로 알려진 것들은 보통 3가지가 있다. 첫째는 'A는 A이다'라는 동일률同一律로서 참인 명제는 참이라는 것이다. 둘째는 모순율矛盾律로서 '어떠한 명제도 동시에 참이면서 또한 거짓일 수 없다'는 것이다. 그리고 셋째는 '어떠한 명제도 참이거나 거짓일 뿐 그 중간치는 없다'라는 배중률排中律이다.

4 거의 완성된 원고가 제목 없이 쇼펜하우어의 유고에서 발견되었는데, 이것은 1830년경에 작성된 것으로 추정되었다. 단편斷篇으로 남은 이 부분은 추정컨대 머리말로 간주되었다. 이 텍스트는 "토론술" "논쟁적 토론술" "논쟁에서 이기는 기술"과 같은 다양한 제목으로 발간되었다.

5 칸트는 『순수이성비판』에서 논리학이 아리스토텔레스의 시대로부터 오늘날에 이르기까지 한 걸음의 진전도 없었으며, 따라서 아무리 보아도 완결되고 완성된 것처럼 보인다고 말했다. 그러나 20세기에 들어와서 눈에 띄는 변화가 있었다. 독일의 프레게(G. Frege, 1848~1925)가 『개념문

은 동의어로 사용했다. 논리학(Logik, 로기제스타이, λογιξεοθαι)은 '곰곰 생각하다, 숙고하다, 계산하다'라는 뜻을 지니고 있고, 변증술(Dialetik, 디알레게스타이, διαλεγεοθαι)[6]는 '대화하다'라는 뜻을 지니고 있다.

디오게네스 라에르티오스[7]가 알려주고 있듯이, 변증술을 제일 먼저 사용한 사람은 플라톤이었다. 플라톤은 『파이드로스』, 『소피스트』, 『국가』 제7권 등에서 변증술을 이성의 규칙적인 사용과 그것의 실천 기술로 이해한다. 아리스토텔레스 역시 변증술을 같은 뜻으로 사용한다. 하지만 (라우렌시오 발라[8]에 따르면) 아리스토텔레스는 처음에 논리학도 같은 뜻으로 사용했다고 한다. 그는 어려운 점, 즉 논리학의 미묘한 문제에 대해 이야기한다.[9] 그러므로 변증술이 논리학보다 더

자』를 통해 발전시켰으며, 영국의 러셀과 화이트헤드(A. N. Whitehead, 1861~1947)가 『수학 원리』에서 정리한 명제논리(propositional logic)와 술어논리(predicate logic)가 그것이다. 비트겐슈타인은 『논리철학논고』에서 '신은 죽었다'와 같은 형이상학적 명제들은 거짓이 아니라 비의미nonsense하다고 규정했다. '의미의 대상이 아니다'라는 뜻이다. 당연히 참과 거짓의 대상도 아니다. 그러니 이제 왈가왈부하지 말고 "말할 수 없는 것에 대해서는 침묵해야 한다."(『논고』, 7)

6 디알레게스타이(dialegesthai)는 '물음과 답변을 통해 대화하다'라는 뜻이다.

7 디오게네스(Diogenes Laertius, 출생과 사망 미상): BC 3세기에 활동한 그리스의 저술가. 그리스 철학에 관한 현존하는 가장 중요한 2차 자료인 『그리스 철학사』로 유명하다. 이 저술은 여러 가지 제목으로 알려져 있는데 그중 하나가 '유명 철학자들의 생애·가르침·격언'인 것으로 보아 이 책의 서술범위가 매우 넓음을 알 수 있다.

8 라우렌시오 발라(Laurentius Valla, 1407~1457): 이탈리아의 순수 인문학자이자 수사학자, 교육가. 그는 라틴어에 정통한 저술가로 라틴어의 쇠퇴는 정화한 라틴어 지식의 결여에서 시작된다고 믿었다. 또한 유럽사회의 신·구교 간의 논쟁도 같은 언어를 구사하면서도 다른 것을 생각하는 소통의 문제 때문이라고 여겼다. 그러므로 그는 언어를 올바로 사용하는 것이 소통과 문화 변용을 위한 유일한 해결책이라고 생각하여 『라틴어의 고상함에 대하여De Elegantiis Linguae Latinae』라는 책을 저술했다. 발라는 또한 자기 자신을 표현하는 올바른 방법이 모든 표현의 기초가 되고, 그것이 참다운 지적 체계를 형성한다고 말한다.

9 Wir finden bei ihm λογιχασ δυεχερειασ i. e. argutias, προτασιν λογιχην, απορια ν λογιχην.(He speaks of [Greek: dyscherelai logicai], that is, "difficult points," [Greek: protasis logicae aporia logicae])

오래된 단어인 것 같다. 키케로[10]와 퀸틸리안[11]은 변증술Dialectica과 논리학Logica을 일반적으로 같은 의미로 사용한다.

키케로는 『루쿨로Lucullo』에게 이렇게 말하고 있다. "변증술은 말하자면 참과 거짓을 판단하는 역할을 하는 것으로 고안되었다.", "다시 말해 스토아학파의 철학자들은 그들이 변증술이라고 부른 학문의 도움으로 판단의 방법론을 면밀하게 추구했다."(키케로, 『변증론』[12], 2장).

퀸틸리안은 이렇게 말한다. "따라서 논리학, 또는 변증론을 뜻하는 이 단어(dialecticae)는 올바른 명칭에 대한 논쟁을 허용하지 않았다." 그러므로 퀸틸리안은 논리학을 변증술(διαλεχτιχη)의 라틴어 등가어로 생각한 모양이다(페트리 라미Petri Rami, 『변증론』(1569)에 따르면).

중세와 근대에도 논리학과 변증술은 동의어로 사용됐으며, 이런 경향은 오늘날까지 지속되고 있다. 그렇지만 근대에 들어 특히 칸트는 변증술을 종종 궤변적인 논쟁술로서 나쁜 의미로 사용하곤 했다. 이 때문에 논리학이란 명칭이 둘 중에서 더 무죄한 것으로 여겨져 선호

---

10 키케로(Marcus Tullius Cicero, BC 106~BC 43): 로마 시대의 정치가, 웅변가, 문학가, 철학자이다. 로마 공화국을 파괴한 마지막 내전 때 공화정의 원칙을 지키려고 애썼지만 실패했다. 저술로는 수사법 및 웅변에 관한 책, 철학과 정치에 관한 논문 및 편지 등이 있다. 오늘날 그는 가장 위대한 로마의 웅변가이자 수사학의 혁신자로 알려져 있다. 로마와 그리스에서 훌륭한 교육을 받은 그는 법조계에서 명성을 확립했고, BC 75년에는 시칠리아 섬 서부에서 재무관으로 공직생활을 시작하여 집정관이 되었다. 철학사에서 키케로는 그리스 사상의 전달자로서 중요하게 취급된다.

11 퀸틸리안(Marcus Fabius Quintilianus, AD 35경~AD 96경): 로마의 수사학자·웅변가. 수사학에 관한 책 『웅변교수론』은 교육이론과 문학평론에 중대한 공헌을 했다. 로마에서 당시의 훌륭한 수사학자인 도미티우스 아페르의 지도를 받았으며 그 후로 한동안 법정에서 변론가로 활동했다. 대표작인 『웅변교수론』은 그가 사망한 지 얼마 안 되어 발간되었다. 그는 유아기 이후의 전체 교육과정이 웅변가 훈련의 주된 내용과 연관된다고 믿었다. 그는 교사들이 학생들의 성격이나 능력에 따라 다른 교수법을 사용해야 한다고 충고했다. 그는 젊은이들이 학습을 즐기며 놀이와 오락의 가치를 알고 있다고 믿었다.

12 『변증론Topica』은 주로 어떤 주장을 확인하거나 반박할 논증을 어떻게 찾을 것인가를 다룬다. 그래서 이 논문은 논리학의 일반 법칙 또는 규칙을 설명하고 있다.

되었다. 그렇지만 두 가지는 원래부터 같은 것을 의미하고 있다. 그러다가 최근 들어서 두 단어가 다시 동의어로 간주되었다.

2. '변증술'과 '논리학'을 예로부터 동의어로 사용해 온 것, 그리고 그 의미를 내 마음대로 구분할 수 없다는 것이 나로서는 유감스러운 일이다. 그렇지 않다면 나는 (서로 떼어놓을 수 없는 '낱말'과 '이성'을 뜻하는 그리스어 '로고스logos'에서 유래하는) 논리학을 사유 법칙에 관한 학문, 즉 이성의 처리방식에 관한 학문으로 정의하고, 변증술은 단어의 현대적 의미에서 (모든 대화란 사실 또는 견해를 공유하므로, 즉 역사적으로든 또는 토의 기능으로든, 대화를 뜻하는 그리스어 '디알레게스타이dialegesthai'에서 유래하는) 논쟁술로 정의하는 것을 선호했을 것이다. 그렇다면 논리학은 경험의 개입 없이 순전히 선험적으로 규정 가능한 대상, 사유 법칙, 이성의 처리 과정을 다루는 것이 분명하다. 따라서 논리학은 어떤 것에 의해서도 미혹되지 않을 이성적 존재가 고독한 사유를 하는 경우 아무 방해 없이 그 자체에 내맡겨지는 이 이성이 따르는 법칙을 다루는 것이 분명하다. 반면에 변증술은 함께 사유하는 두 이성적 존재 사이의 소통을 다룰 것이다. 이때 그들이 정확히 같은 시각을 가리키는 시계처럼 의견이 일치하지 않을 경우 논쟁[13], 즉 정신적 싸움이 벌어지게 된다. 두 개체는 순수 이성을 지닌 존재로 간주되므로 의견이 일치해야 한다. 그리고 그들의 차이는 개성의 본질적인 상이성에서 기인한다. 그러므로 이 차이는 경험적인 요소이다.

사유의 학문, 또는 순수한 이성의 처리 과정의 학문인 논리학은

---

13 서로 다른 견해를 가진 사람들이 말이나 글로 옳고 그름을 따지며 다투는 것.

순전히 선험적으로_{a priori} 구성될 수 있으리라. 변증술은, 두 이성적 존재가 공동으로 사유에 개입할 경우 드러나는 개성의 상이성으로 인해 순수 사유가 겪게 되는 장애들을 경험으로 인식함으로써, 대부분 단지 후험적으로_{a posteori} 구성될 수 있을 뿐이다. 그러니까 각자가 자신의 개인적 사유를 순수하고 객관적인 사유로 힘을 얻도록 하기 위해 논쟁자가 상대방에 대항하여 사용하는 수단들을 인식함으로써 말이다. 왜냐하면 인간 본성은 A와 B가 공동으로 사유에 개입할 경우, 즉 어떤 주제에 대한 그들의 견해(역사적인 대화가 아닌 한)를 상대방에게 전달하는 경우, A는 동일한 주제에 대한 B의 생각이 자신의 것과 같지 않음을 지각하게 되기 때문이다. 그렇지만 그는 자신이 저질렀을지도 모르는 오류를 발견하겠다며 자신의 사유 과정을 수정하는 것으로 나오지 않고, 이 오류가 상대방의 사유에서 발생한 것으로 가정한다. 말하자면 인간은 본성상 항상 자신이 옳다고 주장하는 법이다. 이러한 속성에서 비롯하는 것이 내가 변증술이라 부르고 싶어하는 학문 분야, 그렇지만 오해를 피하기 위해 "논쟁적 변증술[14]"이라 칭하려고 하는 학문 분야이다. 그에 따라 그것은 인간에게 자연스러운 것으로 자신이 늘 옳다고 여기는 태도에 관한 이론이다. 논쟁술[15]은 이러한 동일한 사안을 좀 더 가혹하게 지칭하는 말에 불과하리라.

---

14 논쟁적 변증술(Eristische Dialektik, dialectica eristica).

15 논쟁술(Eristik): 정당한 수단을 쓰든 정당치 못한 수단을 쓰든(per fas et nefas) 자신의 주장을 방어하고 상대방의 주장을 무너뜨리는 데 사용하는 기술.

2 논쟁적 변증술이란 무엇인가?

논쟁적 변증술[16]은 논쟁하는 기술, 그것도 '정당한 수단을 쓰든 정당치 못한 수단을 쓰든' 자신의 주장을 고수하는 식의 논쟁술이다. 아리스토텔레스(『디오게네스 라에르티우스』, 제28장에 따르면)는 설득의 목적을 지닌 수사학과 변증술을 통합하고[17], 그런 다음 진리[18]를 찾기 위한 목적을 지닌 분석론[19]과 철학을 통합했다. 사실 아리스토텔레스는 1) 참된 결론이나 자명한 결론에 이르기 위한 이론이나 방법인 논리학이나 분석론을, 2) 참된 것으로 받아들여지거나 통용되는 결론에 이르기 위한 방법인 변증술과 구별한다. 그럼으로써 결론이 그릇

---

16 변증술(Dialektik): 논쟁의 상대방이 무언가를 반박하거나 무언가를 증명하여 주장할 때 사용하는 말하기 기술. 따라서 그 목적은 '오로지 자신의 주장이 옳다는 것'을 견지하는 것이다.

17 아리스토텔레스는 수사학을 "주어진 경우에 가능한 모든 설득 수단을 찾아내는 능력"으로 정의하면서 "이성에 기반하여 설명하고 논증하는 능력"인 변증술(dialectic)과 하나의 묶음으로 다루어야 한다고 주장하였다. 아리스토텔레스는 『수사학』에서 다른 사람에게 자신의 주장을 납득시키기 위한 요건들로 파토스, 에토스, 로고스를 든다. 플라톤이 감각에 의존하는 에토스와 파토스를 경시하면서 지성에 기반한 로고스를 중시했던 것과 달리 아리스토텔레스는 실생활에서는 로고스보다 파토스, 파토스보다 에토스가 보다 설득력이 있다고 하면서 변증술과 수사학의 가치를 모두 높게 평가했다.

18 진리와 윤리: 아리스토텔레스 이후 진리와 윤리는 구분되었다. 진리는 가치 중립적이다. 그러나 이것은 객관적 진리가 존재한다는 것을 전제했을 때 타당한 말이다. 진리가 세계로부터 '발견해내는 객관적인 것'이 아니고 단지 우리가 '유용하게 사용하기 위해 만든 것'이라면 그 책임도 전적으로 우리가 져야 한다.

실용주의자들은 '좋은 결과를 낳는 유용한 믿음'을 진리하고 했다. 토마스 쿤(Thomas Kuhn, 1922~1996)은 진리란 패러다임의 산물이며 '자연에 적용하기 위해 잇대어 발명된 상상적 가정'이라 했다. 리처드 로티(Richard Rorty, 1931~2007)에게 진리란 '한 사회가 인정하는 유용한 믿음'이다.

대응설과 정합설: 대응설은 명제의 참이 사실과의 대응에서 찾아진다는 진리이론이다. 정합설은 명제의 참이 그 명제가 속한 전체 체계와 모순이 생기지 않으면 '참'으로 인정되는 진리이론이다.

대응설은 경험론 그리고 귀납법과 연결되어 있고, 정합설은 합리론 그리고 연역법과 손잡고 있다. 그러나 아무리 아름다운 정합적 이론이라 해도 경험적으로 검증되지 않으면 진리라 할 수 없다. 따라서 정합설은 대응설을 바탕으로 해야 비로소 설 수 있다. 결국 진리는 사실과 대응해야 하고 체계적으로 모순이 없어야 한다.

19 복잡한 개념이나 대상을, 그것을 구성하는 단순한 요소로 분해하는 방법에 대한 이론.

된 것으로 결정되는 것은 아니지만, 그렇다고 그것이 그 자체로 참된 것으로 결정되는 것도 아니다. 그것이 문제의 요점이 아니기 때문이다. 그렇다면 이것이 근본적으로 정당한 수단을 쓰든 정당치 못한 수단을 쓰든 상관없이 자신의 옳음을 고수하는 기술과 대체 뭐가 다르단 말인가? 달리 말하면 그 본질과 무관하게 진리의 외관에 도달하는 기술과 뭐가 다르단 말인가? 내가 앞에서 처음에 제기한 문제가 바로 이것이다.

아리스토텔레스는 모든 결론을 논리적, 변증술적 결론과, 방금 말했듯이 3) 논쟁술적 결론으로 구분한다. 논쟁술에서는 추론형식은 옳지만 소재로부터 끄집어낸 명제들 자체는 참이 아니라 참인 것처럼 보일 뿐이다. 4) 마지막으로 추론형식은 그릇되지만 옳은 것으로 보이는 궤변론적 결론으로 구분한다. 즉 뒤의 세 가지 방식인 2), 3), 4) 번은 엄밀히 말하면 논쟁적 변증술에 속한다. 이 세 가지는 모두 객관적 진리를 염두에 두지 않고, 그것의 외관만을 염두에 두기 때문이다. 그리고 진리 그 자체에 개의치 않으므로, 말하자면 논쟁의 승리만을 목표로 한다. 또한 궤변론적 결론을 다룬 아리스토텔레스의 책도 나중에 가서야 따로 편집된다. 그것은 그의 변증술에 관한 마지막 책이었다. 사람들은 말하자면 사안 자체에서 객관적으로 옳을 수 있다. 그렇지만 우군의 눈이나 때로는 자신의 눈에도 옳지 않게 비칠 수도 있다. 말하자면 상대방이 나의 증거를 반박할 때, 그리고 이러한 사실이 다른 증거들이 있을 수 있는 주장 자체에 대한 반박으로 간주될 때 그러하다. 이 경우에는 물론 상대방 쪽에 유리하게 상황이 뒤바뀐다. 그래서 객관적으로 보았을 때 그의 주장이 옳지 않은데도 옳은 것으로 보이는 현상이 일어난다. 그러므로 어느 명제의 객관적인 진리와 논쟁자와 청중이 그 명제를 승인하고 타당하다고 여기는 것은 별개의 문제이다(변증술은 후자를 지향한다).

어째서 이런 일이 발생하는가? 이는 인간 본성의 사악함 때문이다. 인간에게 이런 사악함이 없다면, 즉 인간이 근본적으로 정직하다면 우리는 모든 논쟁에서 진리를 밝혀내는 데만 집중할 것이며, 그러한 진리가 우리가 처음에 제기한 견해와 상대방의 견해 중 어느 쪽의 견해를 위해 존재하는지에는 조금도 신경 쓰지 않을 것이다. 이것은 아무래도 상관없는 일이거나, 또는 적어도 전적으로 부차적인 일에 지나지 않으리라. 하지만 지금은 그것이 주된 문제이다. 특히 우리의 지적 능력에 관해 예민하게 반응하는 우리의 타고난 허영심은 우리가 처음 제기한 주장이 그릇된 것으로, 상대방의 주장이 옳은 것으로 드러나는 것을 감수하려 하지 않는다. 이러한 어려움에서 빠져나오려면 각자는 다름 아닌 올바른 판단을 형성하기 위해 노력하면 될 것이다. 그러기 위해선 말하기 전에 먼저 생각하는 것이 필요하다. 하지만 사람들 대부분의 경우 타고난 허영심에다 다변多辯과 타고난 부정직함도 지니고 있다. 그들은 생각하기 전에 말한다. 그리고 그들 주장이 그릇되고, 그들 견해가 옳지 않다는 것을 나중에 깨달았을 때도 그들은 그 반대인 것처럼 보이기를 원한다. 대체로 소위 참된 것으로 추정되는 명제를 제기할 경우 유일한 동기였던 진리에 대한 관심은 이제 허영심의 관심에 완전히 자리를 내어준다. 그리하여 허영심을 위해 참은 거짓인 것처럼, 거짓은 참인 것처럼 보여야 한다.

그렇지만 이러한 부정직한 태도, 즉 우리 자신의 눈에도 그릇된 것으로 보이는 명제를 고집하는 태도에도 나름대로 변명거리가 있다.

우리는 종종 우리 주장의 진리를 처음에 굳게 확신한다. 그러나 상대방의 논거가 그 주장을 넘어뜨리는 것처럼 보여 우리는 즉시 그 논지를 포기하기도 한다. 그렇지만 우리의 주장이 옳았다는 것을 나중에 알게 되는 일이 왕왕 생긴다. 우리가 댄 증거는 틀렸지만, 우리를 구원해줄 논거가 즉각 떠오르지 않아서 그렇지 우리의 주장을 뒷받침할 올바른 증거를 제시할 수 있었다. 그 때문에 상대의 반대 논거가 옳고 또 결정적인 것으로 보일 때조차도 이에 맞서 싸우자는 준칙 Maxime이 우리 내부에서 생기게 된다. 이는 상대 논거의 정당성조차 다만 겉보기에 불과할 수 있고, 또 토론을 하는 동안 그의 논거를 뒤엎거나 우리의 진실성을 다른 식으로 입증할 어떤 논거가 떠오를 수 있다는 믿음이 있어서이다. 이런 연유로 우리는 논쟁을 할 때 솔직하지 못하도록 거의 강요받거나, 최소한 그런 유혹을 쉽게 뿌리칠 수 없게 된다. 이런 형태로 우리 지성의 약점과 우리 의지[20]의 전도顚倒 현

_____

20 쇼펜하우어가 말하는 '의지(Wille)'는 이전의 철학자들이 말하는 의지와 그 뜻이 다르다. 그는 '타인들이 의지의 자유를 주장해왔다면 나는 의지의 전능성을 증명한다'고 말한다. 쇼펜하우어에게 의지란 개념은 일반적인 의미의 뜻뿐만 아니라, 인간의 다른 맹목적인 감성인 '욕망', '욕구', '갈망', '추구', '노력', '고집'까지 포괄하는 개념이다. 이 의지는 일정한 목표가 없는 무의식적이고 맹목적인 충동에 의해 움직인다. 이런 맹목적인 의지를 현세의 모든 것의 숨은 원동력으로 보는 생각은 고대 인도 철학에도 있었다. 이 의지의 활동은 결코 쉬지 않고 만족할 줄 모른다. 그것은 어디까지나 살려고 부단히 애를 쓸 뿐이다. 뿐만 아니라 쇼펜하우어는 식물의 성장을 가능하게 하는 힘, 광물이 결정을 만드는 힘, 나침반이 북쪽을 향하는 것, 중력의 작용 등 모두를 의지로 보았다. 이처럼 쇼펜하우어는 의지를 자연 속에 있는 모든 힘이라고 표현한다. 그가 볼 때 의지는 노력하고, 욕망하고, 상승하고, 희망하고, 두려워하고, 사랑하고, 증오하려는 성향을 지니고 있다. 그는 자신의 저서 『의지와 표상으로서의 세계』에서 지성과 인식, 이성이 의지에 봉사한다고 주장한다. 우리의 지성은 떨어져도 의지는 거의 퇴화하지 않는다. 지성은 지쳐서 피곤해지지만 의지는 결코 지치지 않는다. 이처럼 쇼펜하우어는 헤겔로 대표되는 이성 철학을 거부하고 세계를 이성이 아니라 (삶에의) 의지로 파악하는 의지 철학을 내세운다. 그에 따르면 이성은 두뇌 현상일 뿐이고 의지의 제약을 받으며, 의지의 부산물에 불과하다. 쇼펜하우어가 말하는 의지는 '힘'이나 '에너지'와 유사하다. 그는 인간의 행위뿐 아니라 돌의 낙하에도 의지가 있다고 보며, 비유기적인 전체 우주는 의지의 현시이다. 즉 태양의 대폭발은 의지이고, 태양 주위를 도는 지구의 운동도 의지이며, 조수의 운동도 의지이다. 삼라만상의 어디에나 있는 모든 생

상이 서로를 뒷받침해준다. 논쟁을 벌이는 자가 신과 조국을 위해 그러듯이[21], 또 정당한 수단을 쓰든 그렇지 않든 대체로 진리를 위해서가 아니라 자신의 명제를 위해 싸우는 이유는 바로 이 때문이다. 그러니까 앞에서 살펴보았듯이 달리 뾰족한 수가 없는 것이다.

그러므로 각자는 자신의 주장이 그 순간 자기 눈에 그릇되거나 미심쩍은 것으로 보일 때조차도 대체로 이를 관철시키려 할 것이다. 마키아벨리[22]는 『군주론』[23]에서 이웃 군주가 약점을 보이는 매 순간을 이용해 그를 공격하라고 군주에게 가르친다. 그렇지 않으면 언젠가

기와 충동이 의지인 셈이다. 모든 인간의 가장 깊은 충동은 삶에의 의지이다. 그러면 우리의 삶을 지배하고 있는 것이 합리적인 이성인가 또는 맹목적인 의지인가? 쇼펜하우어는 그것이 이성이 아니라 의지라고 본다. 의지는 이성보다 더 강할 뿐 아니라 더 본원적이고 더 본질적이다. 이처럼 종래의 개념과 달리 지성이 약하고 의지가 우월하다는 것이 지성과 의지의 전도 현상이다.

21 pro aris et focis 1. 제단과 가정을 위해 2. 신과 조국을 위해. 3. 따뜻한 가정을 위해

22 니콜로 마키아벨리(Niccolò Machiavelli, 1469~1527): 역저 『군주론』은 목적만 정당하다면 수단은 아무래도 상관이 없다는 비윤리적 견유주의를 제창한 것으로 인식되어 오랫동안 비난을 받아왔으나 정·교 분리의 주장과 함께 권력 현실에 대한 객관적인 분석이 행해지고 있는 점에서 근대 정치학의 초석으로 평가되고 있다.
마키아벨리는 29세의 나이로 제2서기관 직에 올라 정치에 입문했고, 이후 정치에 대한 자신의 열정을 불태웠다. 그가 필요 이상으로 사악하게 비친 이유는 사람들에게 강력한 충격을 주고자 했던 그의 의도 때문이었다. 그는 인간의 본성은 변하지 않는다는 원칙으로부터 역사순환론을 이끈 최초의 인물이었으며 인간에 대한 인식을 정치학의 토대로 정립한 최초의 인물이기도 했다.

23 『군주론Ⅱ principe』: 마키아벨리가 저술한 정치 사상서로 군주가 권력을 얻고 유지하려면 어떠한 역량이 필요한지를 설명하고 있다. 그는 군주가 자비롭고 신의가 있고 인간적이고 정직하고 경건한 것처럼 보이는 것이 좋긴 하지만, 필요하다면 정반대로 행동할 수 있어야 한다고 조언한다.
"군주는, 특히 신생 군주는 좋다고 생각되는 방식으로 처신할 수 없다는 점을 명심해야 합니다. 왜냐하면 자신의 권력을 유지하기 위해서, 그는 종종 신의 없이, 무자비하게, 비인도적으로 행동하고 종교의 계율을 무시하도록 강요당하기 때문입니다. 따라서 그는 운명의 풍향과 변모하는 상황이 그를 제약함에 따라서 자신의 행동을 그것에 맞추어 자유자재로 바꿀 태세가 되어 있어야 하며, 제가 앞에서 말한 것처럼, 가급적 올바른 행동으로부터 벗어나지 말아야 하겠지만, 필요하다면 악행을 저지를 수 있어야 합니다."(마키아벨리, 『군주론』, 강정인, 김경희 옮김, 까치, 2008, 120~121쪽)

이웃 군주가 자신이 약한 순간을 이용할 수 있기 때문이라는 것이다. 신의성실의 원칙[24]이 지배하고 있다면 문제는 달라질지도 모른다. 하지만 그런 원칙은 기대할 수 없고, 그것으로 얻는 것이 시원치 않을 것이므로 이를 실행해서는 안 된다. 논쟁에서도 이와 마찬가지이다. 상대방의 견해가 옳은 듯하다고 곧장 상대의 견해를 옳다고 인정해버리면 반대 경우가 되었을 때 상대가 같은 행동을 하리라고 거의 기대할 수 없기 때문이다. 그럴 때 상대방은 부당하게 행동할 것이다. 그러니 나도 그렇게 행동해야 한다. 자신의 명제를 편애하지 말고 진리만 따라야 한다고 말하기는 쉽다. 하지만 상대방이 그렇게 하리라고 가정해서는 안 된다. 그러므로 우리도 그렇게 해서는 안 된다. 게다가 상대의 주장이 옳은 듯하다고 해서 이전에 곰곰 생각해온 자신의 명제를 곧장 포기해버린다면, 순간의 인상에 오도되어 진리를 포기하고 오류를 그냥 받아들이는 일이 일어날 수 있다.

이에 맞서 누구든 자신의 교활함과 사악함이라는 보조수단으로 어느 정도 무장하고 있다. 일상적으로 겪는 경험으로 이런 사실을 알 수 있다. 그러므로 누구나 자신의 고유한 자연 논리학을 갖고 있듯이, 각자 자신의 고유한 자연 변증술을 지니고 있다. 하지만 그의 자연 변증술은 그의 자연 논리학만큼 오랫동안 그를 안전하게 이끌어주지 않는다.

논리적 법칙에 맞서 사고하거나 추론하기란 누구에게나 그리 쉬운 일이 아닐 것이다. 그릇된 판단은 흔하지만, 그릇된 추론은 극히 드물

---

24 Treue und Redlichkeit. 사람은 사회의 일원으로서 신의에 합당하고 성실하게 행동하여야 한다는 원칙

다. 어떤 인간에게 자연 논리학이 부족하기는 쉽지 않은 반면, 자연 변증술이 부족하기는 쉽다. 자연 변증술은 누구에게나 공평하게 분배된 천부적 선물이 아닌 것이다(이런 점에서 그것은 판단력과 같다. 판단력은 공평하게 분배되어 있지 않는 반면, 이성은 엄밀히 말하면 공평하게 분배되어 있다). 왜냐하면 실제로는 옳은 견해인데도 단순히 피상적인 논증[25]을 통해 혼란스러워지고 논박당하는 일이 허다하기 때문이다. 그 역의 경우도 마찬가지이다.

논쟁에서 승자가 되는 사람은 자신의 명제를 제기할 때 판단력의 올바름 덕분이라기보다는 그가 자신의 명제를 교활하고 노련하게 옹호한 덕분인 경우가 허다하다. 다른 모든 경우와 마찬가지로 이 경우에도 천부의 재능을 타고난 것이 최상이다. 그렇지만 연습을 통해 이 기술의 대가가 되는 것이, 그리고 논쟁 상대방을 물리치는 데 이용되곤 하는 어법, 또는 그 자신이 비슷한 목적을 위해 사용하는 어법을 숙고하는 것이 큰 도움이 될 것이다. 그러므로 엄밀히 말해 논리학에 실제적인 효용성이 없다 하더라도 변증술에는 물론 그러한 효용성이 있을 수 있다. 내가 보기에 아리스토텔레스 역시 자신의 논리학(분석론)을 주로 그의 변증술을 위한 토대이자 준비로 적절히 내세운 것 같은데, 이 변증술이 그에게는 주된 핵심이었던 것 같다. 논리학은 명제들의 단순한 형식과 관계하고, 변증술은 명제들의 내용이나 질료, 한마디로 말해 그것들의 실체와 관계한다. 그러므로 실은 특수한 것으로 넘어가기 전에 모든 명제의 일반적 형식을 고찰하

---

[25] 논리학에서 결론을 지지하는 근거를 밝히는 절차. 때로 이러한 절차는 전제로부터 결론을 연역할 수 있도록 구성된다. 잘못된 논증은 논리적 오류라고 한다.

는 것이 적절했다.

아리스토텔레스는 변증술의 목적을 내가 여기서 한 것만큼 정확하게 규정하지 않는다. 그는 논쟁이 주된 목표라고 하면서도, 동시에 진리의 발견도 주된 목표로 삼기 때문이다(『변증론』, 제1권 2장). 나중에 그는 명제들이 철학적으로는 그것들의 진리에 따라, 변증법적으로는 그것들의 그럴싸한 외양이나 다른 사람들의 갈채, 견해에 따라 다루어진다고 말한다(『변증론』, 제1권 12장). 그는 한 명제가 객관적으로 진리라는 것과 그 명제를 관철시키거나 인정받게 하는 것을 구별하고 분리해야 하는 문제임을 사실 의식하고 있다. 하지만 그런 역할을 변증술에만 지정해줄 만큼 이 두 가지 양상을 뚜렷이 구별하지는 않고 있다. 다른 한편으로 아리스토텔레스는 자신의 저서 『소피스트적 논박』[26]에서 변증술을 궤변술이나 논쟁술과 구별하려고 다시 무척 애쓰고 있다. 변증술적 결론은 형식과 내용 면에서 참이지만, 논쟁술적 또는 궤변론적 결론은 거짓이라는 구별이 그 안에 들어있다는 것이다.

논쟁술은 변증술과 판이하게 다르다. 논쟁술의 달인은 단순히 논쟁에서 이기는 것만을 노리는 반면, 궤변론자는 명성과 아울러 그로써 얻게 될 금전적 보상을 중시한다. 하지만 명제들이 내용 면에서 참인지는 항시 너무나 불확실해서 그것으로부터 구별 근거를 끄집어낼 수 없을 정도이다. 논쟁자 자신은 그에 대해 전혀 확신을 가질 수 없다. 논쟁의 결과조차 확실히 드러나지 않는다.

---

26 『소피스트적 논박de sophisticis elenchis』은 올바른 추론에 의한 참된 논박과 잘못된 추론에 의한 궤변적 논박을 식별하는 방법을 명쾌하게 설명하고 있다.

그러므로 우리는 아리스토텔레스의 변증술을 이야기할 때 궤변론, 논쟁술, 검토술[27]을 함께 포함시키고, 그것들을 논쟁에서 이기는 기술로 정의해야 한다. 이때 물론 가장 커다란 보조 수단은 무엇보다도 그 사안에서 옳은 견해를 갖는 것이다. 하지만 이것 자체는 인간의 기질로 볼 때 충분하지 않다. 그리고 다른 한편으로 인간 지성의 약점에 비추어 볼 때 전적으로 필요하다고는 할 수 없다. 그러므로 이 경우에는 다른 요령들이 요구된다. 사실 그 요령들은 객관적 진리를 얻는 데 필요한 것이 아니므로 객관적으로 옳지 않을 때 사용될 수 있을지도 모른다. 이것이 사실인지 아닌지의 여부는 우리가 아주 확실히는 알 수 없는 일이다.

따라서 나는 아리스토텔레스가 했던 것보다 더욱 예리하게 변증술을 논리학과 구별하여, 논리학이 형식을 갖춘 것인 한 그 논리학에 객관적인 진리를 부여해야 한다는 견해이다. 변증술은 논쟁에서 이기는 기술에 한정되어야 한다. 이와 반대로 우리는 궤변술과 논쟁술을 변증술과 구별할 때 아리스토텔레스가 하는 식으로 해서는 안 된다. 그가 나누는 이 차이는 객관적인 소재적 진리[28]에 의거하고 있기 때문이다. 이와 관련해서 우리는 토론하기 전에 어떤 분명한 확신을 얻을 수 없다. 그러나 우리는 본디오 빌라도[29]에게 물어보지 않을

---

27 Peirastik.

28 materiellen Wahrheit. 직접적으로 감각에 의해 매개된 경험에 기초하는 진리가 소재적 진리이다.

29 본디오 빌라도(Pontius Pilatus, 재임 기간 AD 26~AD 36): 초기 고대 로마 유대인(Juda) 지방의 총독. 유대인에 의해 고소된 나사렛 예수에게 십자가형을 언도한 사람으로 알려져 있다. 그러나 성서 여러 곳에서는 본디오 빌라도가 예수에게서 "아무 죄도 찾을 수 없다"며 손을 천 번이나 씻고, 예수를 놓아주려 한 흔적을 찾아볼 수 있다. "빌라도가 이르되 진리가 무엇이냐 하더라 이 말을 하고 다시 유대인들에게 나가서 이르되 나는 그에게서 아무 죄도 찾지 못하였노라."(요

수 없다. 진리란 무엇인가?[30] - 진리란 깊은 곳에 숨어 있기 때문이
다.[31] 두 사람은 가끔 격렬한 논쟁을 벌이기도 한다. 그런 다음 각자
상대방의 견해를 가지고 집에 돌아간다. 서로 견해를 바꾼 것이다.
논쟁할 때 오직 진리의 향상만을 목표해야 한다고 말하기는 쉬운 일
이다. 하지만 사람들은 논쟁하기 전에 진리가 어디에 있는지 미처 알
지 못한다. 그리고 우리는 상대방의 논거와 그 자신의 논거를 통해
오도된다.

그건 그렇고 우리가 이해할 수 있는 언어를 사용하면[32] 이러하다. 변
증술이란 단어는 대체로 논리학과 같은 의미로 사용되고 있으므로,
우리의 학문 분야를 논쟁적 변증술이라고 부르고자 한다. 논리학의
목적을 위한 규칙들에 종종 변증술의 목적을 위한 규칙들이 섞여 있
다. 그 때문에 내가 볼 때 아리스토텔레스가 자신의 과제를 깔끔하게
해결한 것 같지는 않다.

언제나 한 학문 분야의 주제를 다른 학문 분야의 주제와 명료하게
구분해야 한다. 변증술을 명료하게 내세우기 위해서는 논리학의 과제
에 해당하는 객관적 진리는 고려하지 않고, 그것을 단순히 논쟁에 이
기는 기술로 간주해야 한다. 물론 이 경우 우리의 견해가 실제로 옳

한복음 18장 38절) 그는 성격이 잔인하고 포악해서 횡포를 휘둘렀고 반역자는 법적 판결심사 없이
처형했다. 갈릴리인의 학살은 그의 잔인성을 보여주는 하나의 예이다.
30 빌라도가 알고 있는 진리와 예수가 가르친 진리는 다르다. 빌라도가 알고 있는 진리는 아리
스토텔레스가 정의한 그리스적 진리였고, 예수가 가르친 진리는 유대인들이 대대로 믿는 히브
리적 진리였다. 이 때문에 빌라도는 예수가 가르친 진리를 이해하지 못했고, 결국 예수는 그에게
진리가 무엇인지 설명하기를 포기했다. 칸트의 말에 따르면 논리학자를 궁지에 몰아넣을 수 있
는 유명한 문제가 바로 '진리란 무엇인가?'라고 하는 물음이라고 한다.
31 진리란 깊은 곳에 숨어 있기 때문이다(veritas est in puteo)(데모크리투스의 말; 『디오게네스 라에르
티오스』, IX. 72.)
32 re intellecta, in verbis simus faciles.

을 때 그만큼 이기기가 더 쉬울 것이다. 하지만 변증술 그 자체는 각종의 공격, 특히 부정직한 공격에 대항하여 자신을 변호하는 법을 가르쳐야 한다. 그리고 이와 마찬가지로 상대가 주장하는 것을 모순되지 않게, 아무튼 논박당하지 않고 공격하는 법을 가르쳐야 한다. 객관적 진리의 발견은 자신의 명제를 참으로 관철시키는 것과 명료하게 구분되어야 한다. 왜냐하면 객관적인 진리는 전적으로 다른 문제이기 때문이다. 그것은 판단력, 숙고, 경험의 작업이다. 이를 위한 특별한 기술은 존재하지 않는다. 변증술의 목적은 이와 같은 것이다.

　사람들은 변증술을 외관의 논리학으로 정의했다. 그러한 정의는 틀린 것이다. 그럴 경우 변증술이 단지 거짓 명제를 옹호하는 데 사용될 수 있을지도 모른다. 하지만 견해가 옳다고 해도 이를 옹호하기 위해 변증술이 필요하다. 부정직한 요령들에 대응하기 위해서는 그것들을 알고 있어야 한다. 그러니까 상대방에게 같은 무기로 내려치기 위해서도 그 요령이 필요하다. 이런 이유로 변증술에서 객관적 진리는 옆에 치워놓고, 우연적인 것으로 간주해야 한다. 그리고 단순히 어떻게 자신의 주장을 변호하고, 상대방의 주장을 무너뜨릴지에 치중해야 한다. 이러한 목적을 위한 규칙을 따르면서 객관적 진리를 고려해서는 안 된다. 우리는 일반적으로 보통 객관적 진리가 어디에 있는지 알지 못하기 때문이다. 가끔은 자신의 견해가 옳은지 그른지조차 알지 못한다. 사람들은 가끔 그런 사실을 믿고 잘못을 범한다. 가끔은 양쪽 모두 그런 사실을 믿는다. 진리는 깊은 곳에 있기 때문이다. 논쟁이 벌어지면 사람들은 대체로 진리가 자기 쪽에 있다고 생각한다. 논쟁이 진행되면 양쪽 모두 미심쩍게 된다. 논쟁이 끝날 때까지 진리가 결정되거나 입증되지 않는다.

변증술은 진리와는 아무런 관계가 없다. 이는 논쟁으로 인해 결투가 발생할 때 검도 사범이 누가 옳은지에 신경 쓰지 않는 것과 마찬가지이다. 이때 찌르고 막는 것이 중요할 뿐이다. 정신적인 검술이라 할 수 있는 변증술에서도 이와 마찬가지이다. 그렇게 순수하게 파악할 때만이 변증술을 하나의 학문 분야로 내세울 수 있다. 왜냐면 우리가 순전히 객관적인 진리를 목적으로 삼으면 우리는 단순한 논리학으로 돌아오기 때문이다. 반면에 우리가 그릇된 명제의 관철을 목적으로 삼으면 우리는 단순한 궤변론을 갖게 된다. 그리고 두 가지 경우에서 객관적으로 무엇이 참이고 거짓인지 우리가 벌써 알고 있다는 것이 전제되어야 할 것이다. 우리가 진리에 대해 미리 확실히 알고 있는 경우는 드물다. 그러므로 우리가 내세운 변증술의 진정한 개념은 논쟁에서 이기기 위한 정신적인 검술이다. 논쟁술이란 명칭이 더 적절할지도 모르지만, 논쟁적 변증술이 가장 옳은 명칭일 것이다.

이제 단어의 이런 의미에서 변증술은 하나의 체계와 규칙에 환원되는 기술들, 즉 논쟁에서 진리가 그들 편이 아니라는 것을 깨달았음에도 이기기 위해 사람들 대부분이 이용하는 기술들의 통합이자 서술이어야 한다. 그러므로 이런 연유로 학문적인 변증술에서 객관적 진리와 그것의 향상을 고려하려고 한다면 이는 목적에 크게 반하는 일일지도 모른다. 본래적인 자연스런 변증술에서는 객관적 진리를 고려하는 일이 일어나지 않고, 오직 논쟁에서 이기는 것만을 목적으로 하기 때문이다. 우리가 말하는 의미에서의 학문적인 변증술은 이에 따라 부정직의 요령들을 내세우고 분석하는 일을 주된 과제로 삼는다. 이는 실제 논쟁에서 그 요령들을 즉각 인식하고 물리치기 위해서이다. 바로 그 때문에 변증술은 인정하건대 객관적인 진리가 아니라 단순히 이기는 것을 최종 목적으로 삼아야 한다.

주변을 광범위하게 둘러보았음에도 나는 이러한 의미에서 어떤 일이 실행되었다는 것을 알지 못한다. 디오게네스 라에르티오스에 의하면 깡그리 사라져버린 테오프라스토스[33]의 많은 수사학 저서 가운데 그런 제목[34]을 지닌 것이 하나 있었다. 우리가 원하는 것이 바로 그것이었을지도 모른다. 그러므로 그것은 아직 미개척 분야이다. 목적을 달성하려면 경험에서 가져와야 하고, 사람들과의 교제에서 빈번히 일어나는 논쟁에서 이런저런 요령이 이쪽저쪽에서 어떻게 적용되는지 유심히 살펴야 한다. 그런 다음 다른 형식들 사이에서 되풀이해서 사용되는 요령들에서 보편적인 요소를 알아냄으로써 우리는 어떤 일반적인 전략[35]을 내세울 수 있을 것이다. 그러면 자신이 사용할 때뿐만 아니라 상대방이 사용할 때 그 전략을 무력화시키는 데 도움이 될 것이다.

다음 내용은 이를 위한 첫 번째 시도로 볼 수 있다.

---

33 테오프라스토스(Theophrastos, BC 372경~BC 287경): 그리스 소요학파 철학자, 아리스토텔레스의 제자. 아테네에서 아리스토텔레스에게 배웠으며, BC 323년 아리스토텔레스가 강제로 물러나자 리케이온 학원의 원장이 되었다. 이 학원은 아리스토텔레스가 아테네에 세운 것으로 테오프라스토스 시절에 등록학생과 청강생의 수가 가장 많았다. 테오프라스토스는 형이상학·물리학·생리학·동물학·식물학·윤리학·정치학·문화사 등 전 분야에 걸쳐 아리스토텔레스 철학을 전폭 수용한 소요학파의 한 사람이었다. 그의 일반적인 경향은 이러한 주제들을 더욱 강하게 체계적으로 통일하고 아리스토텔레스주의 전체에 들어있는 초월적·플라톤적 요소를 줄여나가는 것이었다. 그의 저술은 남아 있는 것이 거의 없다.

34 Agonistikon taes peri tous eristikous gogous theorias.

35 Stratagemata.

3 모든 변증술의 기초

무엇보다도 실제로 일어나고 있는 모든 논쟁의 본질을 고찰하는 것이 필요하다.

상대방이 어떤 논제를 내세웠을 때(혹은 우리가 내세웠든 그것은 상관 없는 일이다) 그것을 반박하는 데는 두 가지 방식과 방법이 있다.

1. 방식들Modi.

1) 사안을 논거로 삼는 대사안對事案 논증[36] 2) 사람을 논거로 삼는 대인對人 논증[37], 또는 상대방의 시인을 논거로 삼는 논증[38]이 있다. 다시 말해, 우리는 그 명제가 사물의 본성, 즉 절대적인 객관적 진리와 일치하지 않음을 보여주거나, 또는 상대방의 다른 주장이나 시인, 즉 상대적인 주관적 진리와 모순됨을 보여준다. 후자는 상대적인 확신일 뿐이라 객관적 진리에 대해 아무런 역할을 행사하지 못한다.

2. 우리가 추구하는 두 가지 방법들. 1) 직접 반박. 2) 간접 반박. 직접 반박은 상대방 논제의 근거를 공격하고, 간접 반박은 그 결과를 공격한다. 직접 반박은 그 논제가 참이 아님을 보여주고, 간접 반박은 그것이 참일 수 없음을 보여준다.

---

36 대사안 논증(ad rem). 상대방이 제시한 명제가 이치에 맞지 않음을, 그것이 절대적이고 객관적인 진리와 부합하지 않음을 보여줌.

37 대인 논증(ad hominem). 상대방이 이미 제시한 다른 주장이나 시인한 사실이 객관적 진리와 부합하지 않음을 보여줌.

38 ex concessis.

1) 직접 반박에는 두 가지 방법이 있다. 우리는 상대방이 주장하는 근거들이 틀렸음을 보여주거나(상대방이 내세우는 주장의 대전제[39]와 소전제를 문제 삼음으로써), 또는 이 근거는 인정하되 그것으로부터 그런 주장이 도출될 수 없음을 보여준다(상대방의 추론[40] 과정에 문제 제기를 함으로써). 다시 말해 우리는 상대방의 결론, 즉 추론형식을 공격하는 것이다.

2) 간접 반박의 경우 우리는 간접 반증이나 단순 반증을 이용한다.

① 간접 반증(反證)[41]. 우리는 상대방의 명제를 일단 참으로 받아들인다. 그리고 우리는 참으로 인정된 어떤 다른 명제와 관련하여 같은 명제를 추론을 위한 전제로 이용하는 경우, 또 거짓이 분명한 결론이 생겨나는 경우, 그 명제로부터 도출되는 것을 보여준다. 결론이 사물의 본성, 즉 확실한 진리에 모순되는 경우[42], 또는 상대방 자신의 다른 주장에 모순되는 경우, 그러므로 대사안 논증이나, 또는 대인 논증에 의해 거짓으로 드러나는 경우[43], 우리는 상대방 주장의 불합리함을 논증한다. 왜냐하면 참된 전제에서는 참된 명제만이 나올 수 있기 때

---

39 삼단논법에 있어서 대개념과 중개념을 포함한 전제를 대전제라고 한다. 예를 들면, 삼단논법, '모든 과학자는 사회적 존재이다.' '모든 물리학자는 과학자이다.' '따라서 모든 물리학자는 사회적 존재이다.'에서는 '과학자'가 중개념이고 '사회적 존재'가 대개념이기 때문에 최초의 명제는 대전제이다. 삼단논법은 대전제, 소전제, 결론으로 이루어져 있고, 앞의 예에서는 제2의 명제가 소전제, 제3의 명제가 결론이다.

40 경험을 통해 보편적 지식을 이끄는 방식.

41 Apagoge.

42 그것이 전혀 의문의 여지가 없는 진리와 모순된다면 우리는 상대방의 입장을 '터무니없는 극단으로 치닫는 귀류법歸謬法(reductio ad absurdum)'이라 칭해왔다.

43 소크라테스, 『대히피아스』(Socrates in Hippia maj. et alias.)

문이다. 그렇다고 그릇된 전제에서 항상 그릇된 명제가 나오는 것은 아니다.

② 단순 반증[44]. 단순 반증은 보편 명제에 포함된 개별적인 사례들을 직접 지적함으로써 보편 명제를 반박한다. 그 주장은 개별적인 사례에 들어맞지 않으므로 그 자체로 틀렸다는 것을 보여준다.

이것이 모든 논쟁 형식의 골격이자 뼈대이다. 그러므로 우리는 이제 논쟁의 골학骨學[45]을 갖게 된다. 모든 종류의 논쟁은 따지고 보면 이것으로 소급되기 때문이다. 하지만 이 모든 논쟁은 앞에서 기술한 대로 실제로 진행되거나, 또는 겉보기에 그렇게 보일 뿐일지도 모른다. 그리고 그 논쟁은 진정한 또는 허위적 근거를 가지고 일어날 수 있다. 이에 대해서는 쉽게 확실한 결말을 지을 수 없기에 논쟁이 길어지고 쉽게 끝나지 않는다.

우리는 또한 논거를 제시할 때 참된 것과 그럴듯한 것을 구분할 수 없다. 논쟁을 시작하기 전에 논쟁하는 사람들 자신에게 사실 그것이 확실하지 않기 때문이다. 그 때문에 나는 객관적으로 옳고 그른 것을 따지지 않고 요령들을 제시한다, 왜냐하면 우리는 그것을 확실히 알 수 없기 때문이다. 그리고 옳고 그르고의 여부는 논쟁을 통해 비로소 결정되어야 한다.

게다가 모든 논쟁이나 논증 일반에서 어떤 사항에 대한 합의가 이

---

44 Instanz, εντασισ, exemplum in contrarium.
45 골학(Osteology)은 골학자에 의해 연구되는 뼈에 관한 학문이다. 해부학, 인류학, 고고학의 분과 학문이기도 하다.

루어져야 한다. 원칙적으로 이런 사실에 기초해서 우리는 당면한 문제를 판단하려고 해야 한다. 원칙을 부정하는 자와는 논쟁[46]할 수 없기 때문이다.[47]

---

46 토의는 영어로 'discussion'이고, 토론은 'debate', 논쟁은 'disputation'이다. 토의는 어떤 문제를 해결하기 위해 여럿이 이야기를 주고받는 것을 의미한다. 이는 토의, 협의, 심의 등의 의미를 지니고 있다. 따라서 어떤 결론을 내리기 위해서 합의를 이끄는 합의 과정이라 할 수 있다. 이에 반해 토론은 어떤 논제에 대해 대립되는 입장으로 나뉘어 자기주장이 옳다는 것을 논리적인 근거를 바탕으로 상대방을 설득하는 말하기이다. 따라서 토론이 가능하려면 서로 대립되는 주장이 있어야 한다. 그런 면에서 토론은 논쟁에 가깝다. 넓은 의미로 보면 토론은 토의의 일종이라고 할 수 있다.

47 Contra negantem principia non est disputandum.

ARTHUR SCHOPENHAUER

38가지
요   령

CONTROVERSIAL DIALECTIC

상대가 내세운 전제를
확대해석하라

상대방의 주장을 자연스러운 경계선 바깥으로 나가게 한다. 그 주장을 가능한 한 일반적인 의미로 해석하고, 가능한 한 넓은 의미로 받아들이고, 과장해서 말한다. 반면에 자신의 주장은 가능한 한 한정된 의미에서, 좁은 경계선 안으로 축소한다. 주장하는 내용이 일반적일수록 더 많은 공격에 고스란히 노출되기 때문이다. 이에 효과적으로 대응하려면 요점 또는 논쟁의 핵심 문제를 정확하게 주장해야 한다.

사례 1

내가 "영국인은 연극에 으뜸가는 민족입니다"라고 말했다. 상대방은 반대되는 예를 끄집어내려고 하며 이렇게 응수했다. 알다시피 영

---

48 'Kunstgriff(Stratagem)'에는 '기술', '요령', '술수', '책략', '전략' 등의 여러 가지 뜻이 있다.

국인은 음악에, 따라서 오페라에도 아무것도 내놓은 것이 없지 않습니까? 나는 연극에는 비극과 희극만 있다면서, 음악은 연극에 포함되지 않는다는 사실을 상기시키며 그의 주장을 맞받아쳤다. 물론 그는 이런 사실을 잘 알고 있었다. 그러자 그는 내게 확실한 타격을 가하기 위해 모든 연극적 재현 예술, 따라서 오페라는 음악과 관련된다며, 나의 주장을 일반화하려고 했다. 이처럼 역으로, 명제를 표현하는 우리의 방식이 유리하게 진행된다면 우리는 처음 의도했던 것보다 명제를 좁게 축소함으로써 우리의 주장을 구하려고 할지도 모른다.

사례 2

가령 A는 이렇게 말한다.

"1814년의 평화조약으로 한자동맹Hanseatic League에 가입한 모든 독일 도시는 독립을 되찾게 되었다."

그러자 B는 단치히는 나폴레옹이 가져다준 독립을 그 조약으로 잃어버렸다는 반대되는 예를 내놓는다.

A는 이렇게 자신을 구한다.

"나는 모든 독일 도시라고 말했습니다. 단치히는 폴란드의 한자동맹 도시였어요."

이러한 요령을 아리스토텔레스[49]가 이미 가르치고 있다.

---

49 『변증론』, 제8권, 12장, 11절.

사례 3

또 하나의 예를 들어보자. 라마르크[50]는 『동물 철학』[51]에서 폴립은 신경이 없으니 감각이 없다고 말한다. 하지만 지금 보면 폴립이 감지하는 것은 확실하다. 폴립Polyp이 가지에서 가지로 교묘하게 움직이면서 빛을 향해 나아가기 때문이다. 또한 폴립은 먹이를 재빨리 낚아챈다. 그래서 사람들은 폴립의 경우 신경계가 온몸에 흡사 녹아 있는 것처럼 균등하게 퍼져 있으리라 추정했다. 왜냐하면 분리된 감각기관은 없지만 감지하는 것은 분명하기 때문이다. 이는 라마르크 자신의 주장과 배치되기 때문에 변증술을 이용하여 이렇게 논증한다.

"폴립이 몸의 모든 부분에서 모든 종류의 감각을 느낄 수 있다면, 운동, 의지, 사고 능력도 있을 것이다. 그렇다면 폴립은 몸의 각 부분의 점에 가장 완전한 동물의 모든 기관을 가지고 있는 것이 될 것이다. 모든 점은 보고, 냄새 맡고, 맛을 느끼고, 들을 수 있을 것이다. 그러니까 생각하고, 판단하고, 추론할 수 있을 것이다. 폴립은 몸의 모든 작은 부분이 완전한 동물과 같을 것이다. 그러면 폴립 자체는 인간보다 더 고등동물일 것이다. 폴립의 각각의 조그만 부분마다 인간만이 일반적으로 가진 모든 능력을 지닌 셈이 되기 때문이다.

더구나 폴립에 대해 그런 주장을 한다면 모든 생물체 가운데 가장 불완전한 존재인 단세포 동물에까지, 결국에는 역시 살아 있는 식물

---

50 라마르크(Jean-Baptiste de Monet, chevalier de Lamarck, 1744~1829): 획득형질의 유전을 주장한 학설을 라마르크의 용불용설이라고 하는데, 기관들은 계속 쓰면 더 나아지고 쓰지 않으면 약해지며, 환경에 의해 결정된 획득과 손실은 생식에 의해 새로 생겨나는 후대에 전달된다는 내용이다. 『동물철학』에서 라마르크는 용불용설을 제시했으나, 50년 뒤 찰스 다윈의 『종의 기원』이 출간되면서 반박의 대상이 되었다. 말년에 실명과 가난의 이중고를 겪다가 생을 마쳤다.
51 『동물 철학Philosophie zoologique』(vol. I, p. 203)

등에까지 그런 주장을 확장하지 못할 근거가 없을 것이다."

한 문필가는 이런 식의 변증술 요령을 이용하여 자신의 주장이 옳지 않음을 은밀히 의식하고 있음을 드러낸다. 우리는 "폴럽의 몸 전체는 빛에 대한 감각이 있으니, 신경을 지니고 있다"고 말했는데, 그는 몸 전체가 생각하고 있다는 식으로 확대해석하고 있기 때문이다.

동음이의어[52]를 사용하라

소리는 같으나 뜻이 다른 단어인 동음이의어를 이용한다. 상대방이 내세운 주장을 단어가 같다는 것 외에는 문제가 되어 있는 사항과 거의 또는 전혀 공통점이 없는 것으로 확장시킨 다음, 이를 반박하면서 상대의 원래 주장을 반박한 것처럼 보이게 한다.

주해註解

동의어는 같은 개념을 갖는 두 단어를 말한다. 반면에 동음이의어는 같은 단어가 두 개의 개념을 나타내는 것을 말한다. (아리스토텔레스『변증론』, 제1권 13장 참조) 'Tief(낮은; 저음의)', 'schneidend(날카로운; 강렬한)', 'hoch(높은; 고음의)'는 때로는 물체에 관해 사용되고,

---

52 동음이의어(同音異義語, Homonymie). 서로 소리는 같게 나지만 뜻이 다른 단어. 예컨대 밤, 배, 눈, 연패, 수정, 모사 등.

때로는 음에 관해 사용되는 동음이의어이다. 'ehrlich(정직한)', 'redlich(솔직한)'은 동의어이다.

이러한 요령은 궤변론에서 '동음이의어를 이용하여[53]'라는 기술과 동일한 것으로 간주될 수 있다. 그렇지만 동음이의어를 썼을 때 뻔한 궤변인 것을 알 수 있으면 진짜로 속이지는 못할 것이다.

> "모든 빛은 꺼질 수 있다
> 지성은 하나의 빛이다
> 고로 지성은 꺼질 수 있다."[54]

이 삼단논법에 네 개의 용어가 있음을 즉각 알아챌 수 있다. 여기서 '빛'은 원래의 의미로도, 은유적인 의미로도 사용되고 있다. 하지만 궤변이 미묘한 형태를 띠면 물론 오도하기 쉽다. 같은 표현을 통해 지칭되는 개념들이 유사한 곳에서, 그리고 서로 중첩되는 곳에서 특히 그러하다. 이때 일부러 꾸며낸 것은 결코 남을 속일 만큼 정교하지 못하다. 그러므로 이러한 사례들을 자신의 실제 경험에서 수집해야 한다.

이 모든 요령에 대해 적절하게 지칭할 수 있는 짧은 명칭을 부여할 수 있으면 무척 좋으리라. 그러면 만약의 경우 그 명칭을 활용해 이런

---

53 ex homonymia.
54 "Omne lumen potest extingui Intellectus est lumen Intellectus potest extingui."

저런 요령을 사용하는 것에 대해 즉각 비난할 수 있으리라.

사례 1

A : "당신은 칸트 철학의 신비를 아직 접하지 못했습니다."
B : "아, 나는 당신이 말하는 신비 따윈 알고 싶지 않습니다."

사례 2

나는 '명예의 원칙'을 어리석은 것으로 비난했다. 그 원칙에 따르면 모욕을 받으면 명예를 잃게 된다. 더 큰 모욕으로 응수하지 않는 한 말이다. 또는 피를 흘려, 상대방의 피나 자기 자신의 피로 씻어내지 않는 한 말이다. 나는 진정한 명예란 모욕당한 것으로 손상될 수 없다는 것을 근거로 들었다. 하지만 자기가 한 행위에 의해서만 명예를 손상받는 것이다. 우리 중 누구에게 무슨 일이 일어날지 아무도 알 수 없기 때문이다. 나의 상대방은 내가 제시한 근거를 즉각 공격했다. 그 상대방은 어떤 상인이 사업에서 사기를 치고, 정직하지 못하고, 태만하다는 거짓 험담을 듣는다면, 이는 자신의 명예에 대한 공격임을 내게 분명히 보여주었다. 이 경우 그가 당한 것을 통해서만 그의 명예가 손상받을 것이다. 그는 그러한 공격을 가한 자가 처벌받게 하거나 자기 말을 취소하게 함으로써 명예를 회복할 수 있으리라.

여기서 그는 동음이의어를 사용해 시민적 명예를 기사적 명예의 개념에 슬쩍 끼워 넣었다. 보통 '좋은 평판'을 뜻하는 시민적 명예의 손상은 중상비방을 통해 일어난다. 보통 '명예와 관련한 문제[55]'를 뜻하

---

55 point-d'honneur.

는 기사적 명예는 모욕에 의해 손상받는다. 그리고 전자에 관한 공격은 무시할 수 없고, 공개 반박을 통해 물리쳐야 하기 때문에, 후자에 대한 공격 역시 당연히 무시할 수 없으며, 더 큰 모욕이나 결투에 의해 격퇴되어야 한다.

그러므로 우리는 명예라는 동음이의어를 통해 본질적으로 서로 다른 두 가지 일로 혼란을 겪으며, 이로써 그는 결과적으로 동음이의어를 통해 '논점의 전환[56]'을 성사시켰다.

---

56 mutatio controversiae.

요령 3 | 상대방의 특수한 주장을 일반화하라

또 다른 요령은 상대적으로 내세워진 주장에 대응하는 기술이다. 그것이 일반적으로, 절대적으로 내세워진 주장으로 받아들이거나, 또는 적어도 그것을 전혀 다른 문제와 연관된 것으로 파악하여, 이러한 의미에서 반박하는 것이다. 이러한 궤변은 문제를 뒤집어 예외를 공격하는 기술이다.[57] 이것이 아리스토텔레스의 두 번째 소피스트적 반대 논증이다(『소피스트적 논박』). 아리스토텔레스가 든 예는 다음과 같다.

"무어인은 검다. 그러나 이를 보면 희다. 그러므로 무어인은 검으면서도 동시에 검지 않다."

이것은 억지로 꾸며낸 예로, 아무도 이 말에 진짜로 속지 않을 것이다. 반면에 실제 경험에서 가져온 예를 들기로 하자.

---

57 Sophisma a dicto secundum quid ad dictum(reverse accident, destroying the exception).

사례

철학에 대한 대화를 나누면서 나는 내 체계가 정적주의[58]자静寂主義者를 보호하고 칭찬한다고 인정했다. 그런 직후 헤겔에 대한 화제로 넘어갔다. 나는 그가 쓴 글의 대부분이 쓸데없거나, 또는 그의 저서들에서 저자가 그 단어를 사용하고 독자가 그 의미를 파악해야 하는 많은 구절들이 그렇다고 주장했다. 상대방은 이 주장에 대해 대사안 논증으로 반박하려 하지 않고, 대인 논증을 내세우는 것으로 만족했다. "그는 내가 방금 정적주의자들을 칭찬했다고 말하면서, 그들 역시 쓸데없는 글을 많이 썼다는 것이다."

나는 이 말을 인정했다. 하지만 나는 철학자나 문필가로서 정적주의자들을 칭찬한 것이 아니라, 그러니까 그들의 이론적 업적 때문이 아니라 단지 인간으로서 그들의 행위 때문에, 실천적인 점에서만 칭찬한다고 그의 말을 고쳐주었다. 그런데 헤겔의 경우는 그의 이론적 업적을 문제 삼고 있다고 했다. 이런 식으로 나는 그의 공격을 막아냈다.

앞에서 제시한 세 가지 요령은 서로 비슷하다. 이 세 가지는 엄밀히 말하자면 상대방이 내가 내세운 주장과는 조금 다른 이야기를 하고 있다는 공통점이 있다. 따라서 그런 식으로 일을 처리하려고 한다면

---

58 정적주의(quietism): 그리스도교 영성靈性에 대한 교리. 대개 영혼의 소극적 상태(정적), 즉 인간의 노력을 억제하여 신의 활동이 온전하게 펼쳐질 수 있는 상태에서 완전함에 이를 수 있다고 주장한다. 정적주의의 요소는 기독교와 비기독교 운동을 망라하여 여러 종교 운동에서 찾아볼 수 있으나, 정적주의라는 용어는 보통 미겔 데 몰리노스의 교리를 말한다. 스페인의 사제였던 몰리노스는 17세기 후반에 로마에서 존경받는 영적 지도자였으나 로마 가톨릭교회는 그의 가르침을 이단으로 정죄했다. 몰리노스에 따르면, 그리스도교도의 완전에 이르는 방법은 명상이라는 내면적 방법이고, 신의 도움을 받아 모든 사람이 이 명상에 도달할 수 있으며, 이 상태는 수년 혹은 평생 동안 지속될 수 있다.

'논점 일탈逸脫의 오류[59]'를 범하게 될 것이다. 왜냐하면 이 모든 사례에서 상대방이 하는 말이 참이기 때문이다. 하지만 상대방의 말은 논제와 실제로 모순 관계에 있는 것이 아니라 겉보기에만 그럴 뿐이다. 그러므로 그의 공격을 받은 당사자는 그의 추론의 결론, 다시 말해 그의 명제는 참이고 우리의 명제는 거짓이라는 결론을 부정한다. 그러므로 이는 '결론을 부정함으로써[60]' 그의 반박에 대한 직접적인 반박인 셈이다.

다른 요령은 결론을 예측하기 때문에 참된 전제들을 인정하지 않는다. 그러므로 이어지는 두 가지 방법인 규칙 4, 5는 이와 반대되는 것들이다.

---

59 ignoratio elenchi. 본 주제와는 상관없이 지엽적인 문제를 확대 재생산시켜 논점에서 비켜가며 물타기 하는 것이다. 넓은 의미에서 모든 비형식적 오류는 '논점 일탈의 오류'라고 할 수 있다. 상대가 이 기술을 쓰는 경우 '논점을 일탈하지 마시오'라든가 '논점을 흐리지 마시오'라고 해야 할 것이다. 예컨대 유관순의 3.1 독립운동은 간디의 비폭력 저항운동에도 영향을 끼쳤고 세계적인 저항운동의 시발점이 되었음에도, 이완용의 말에 의해 불법 폭력 시위로 변질되었고 현재까지도 일각에서 그 위대성을 평가 절하하고 있다. 4.19 혁명은 세계역사상 유래를 찾아볼 수 없는 학생들의 저항운동으로 성공하는 듯했으나 어느 틈에 논점은 부정부패에서 안보와 사회 불안으로 변질되었고, 5.16은 쿠데타가 아닌 혁명이라는 탈을 쓰고 장기집권의 초석이 됨으로써 미완의 성공이 되고 말았다.

60 per negationem consequentiae.

상대방이 당신의 결론을 예측하지 못하게 하라

어떤 결론을 내리려 할 때는 상대방이 예측할 수 있게 하지 말고 대화 중 그가 눈치채지 못하게 전제들을 여기저기 뒤섞어 하나씩 인정하게 하라. 그렇지 않으면 논쟁 상대는 온갖 속임수를 쓰려고 할 것이다.

또는 상대방이 그 전제들을 인정하는지 미심쩍은 경우가 있다. 그럴 때는 이 전제들에 대한 다른 전제들을 내세워라. 연쇄삼단논법[61]을 써서, 그런 몇 개의 연쇄삼단논법의 전제들을 두서없이 뒤섞어서 인정하게 하라. 이런 식으로 필요한 모든 것이 이루어질 때까지 당신

---

61 연쇄삼단논법(Prosyllogismus): 둘 이상의 삼단논법을 모아 하나의 연결체로 만듦으로써 자신의 주장을 더욱 강화하는 논증. 이때 앞에 오는 삼단논법(syllogism)의 결론이 뒤에 오는 삼단논법의 전제로 쓰임.
생략삼단논법: 삼단논법 가운데 전제의 일부나 결론을 생략하여 주장을 더욱 자연스럽고 강하게 한 논증.
대증식: 삼단논법의 전제 하나하나마다 그것을 증명하는 증거를 붙임으로써 설득력을 강화한 논증.

의 게임을 은폐하라. 그러므로 멀리서부터 우회하여 사안을 이쪽으로 끌어오도록 하라. 아리스토텔레스는 『변증론』(제8권 1장)에서 이런 규칙들을 제시한다. 이 요령에 대해서는 굳이 예를 들 필요가 없을 것이다.

그럴듯한 그릇된
전제들을 사용하라

자신의 명제를 증명하기 위해 그럴듯한 그릇된 전제들을 사용할 수도 있다. 말하자면 상대방이 참된 전제를 인정하지 않으려 한다면 그 이유는 그가 진리를 인식하지 못하기 때문이거나, 또는 논제가 그것으로부터 즉각 도출되리라고 보기 때문이다. 그 경우에는 그 자체로는 거짓이지만, 대인 논증에 의하면 참인 명제를 집어 들어라. 그리고 논쟁 상대방의 사고방식을 토대로, 말하자면 상대방의 시인을 이용하여 논증하라. 왜냐하면 그릇된 전제로부터도 참된 결론이 나올 수도 있기 때문이다. 그렇지만 그 역은 성립하지 않는다. 즉 참된 전제로부터 그릇된 결론이 나오는 법은 없다.

마찬가지로 우리는 상대방의 그릇된 명제들을, 하지만 그는 참이라고 간주하는 다른 그릇된 명제들을 이용해 반박할 수 있다. 우리가 상대하는 사람이 바로 그 사람이니, 그의 사고방식을 이용해야 하기 때문이다. 예를 들어 논쟁 상대방이 우리가 찬성하지 어느 종파의 추종자라면 우리는 이 종파의 공공연한 발언들을 가지고 그에 맞서는 원칙으로 이용할 수 있다(아리스토텔레스, 『변증론』, 제8권 9장)

요령
6

증명해야 하는 것을
공준으로 삼아라

증명해야 하는 것을 공준으로 삼음[62]으로써, 은폐된 선결문제 요구의 오류[63]를 사용한다. 이는 사실이 아닐지도 모르는 것을 진실이나 기정사실로 가정하거나 단정 짓는 것을 말한다. 이러한 공준에는 여러 가지 방법이 있다.

1) 다른 용어를 사용한다. 예컨대 '명성' 대신에 '좋은 평판'이라는 용어를 사용해, '순결성' 대신에 '덕' 등을 사용하거나, 또한 다른 말로 바꾸어 쓸 수 있는 개념들을 써서 '척추동물' 대신에 '붉은 피를 가진 동물'들을 사용함으로써 공준으로 삼는다.

2) 또는 개별적으로 논쟁 중인 사안을 일반적으로 인정된 것으로

---

62 postulieren. 공준으로 삼다. 증명해야 하는 것을 진실이나 기정사실로 가정하는 것. 공준이란 엄밀하게 증명될 수 없거나 아직까지는 증명되지는 않았지만, 어떤 이론 체계를 전개하는 데 있어 근본적인 전제가 되는 것을 말한다.
63 petitio principii. 선결문제 요구의 오류. 일종의 순환 논증으로 증명되지 않은 전제 위에서 말하는 논리적 오류를 말함.

취급한다.[64] 예컨대 의학의 불확실성을 주장하면서 인간의 모든 지식의 불확실성을 공준으로 삼는다.

3) 역도 통하는[65] 것을 활용해 두 가지가 서로에게서 도출되는 경우, 한 가지가 증명될 수 있다면 다른 하나를 공준으로 삼는다.

4) 일반적인 것이 증명될 수 있다면 상대방이 개별적인 모든 것을 인정하도록 한다(이는 2)의 역이다).[66] (아리스토텔레스, 『변증론』, 제8권 11장)

변증술의 실천에 대해서는 아리스토텔레스의 『변증론』 마지막 장에 좋은 규칙들이 실려있다.

---

64 성급한 일반화의 오류. 예) 그 사람은 멍청하니까, 그 사람이 속한 당의 의원들은 다 멍청할 거야.

65 vice versa.

66 성급한 특수화의 오류. 예) 물은 100도에서 끓으므로 높은 산에 올라가도 100도에서 끓을 것이다.

문답식 방법을 사용하라

　　논쟁이 다소 엄격하고 형식적으로 흘러, 자신의 주장을 매우 명백히 납득시키고 싶다면, 주장을 내세워 그것을 증명하려고 하는 자는 상대방에 맞서 계속 질문을 퍼붓도록 한다. 그리하여 상대방의 시인으로부터 자기 주장의 진실성을 끌어내도록 한다. 이런 문답식[67] 방법은 특히 고대 철학자들 사이에서 사용되었다(이런 방법은 소크라테스식 문답법이라고도 불린다). 이와 반대되는 요령도 이것과 관련된다. 이런 여러 가지 방법은 뒤에 나오는 요령과 유사하다(거기서는 아리스토텔레스의 저서 『소피스트적 논박』 15장에 따라 전체적으로 자유롭게 가공되고 있다.)

　　당신이 상대방에게서 얻으려고 하는 시인 내용을 그가 눈치채지 못하도록 한꺼번에 광범위한 질문 공세를 퍼붓는다. 반면에 상대방이

---

67 erotematisch.

시인한 내용으로부터 도출되는 논증을 재빨리 내놓는다. 왜냐하면 이해가 늦은 자들은 정확히 추론할 수 없고, 논증에서 일어날 법한 오류나 허점을 알아채지 못하기 때문이다.

상대방을 화나게 하라

상대방을 화가 나게 자극하라. 화가 나면 올바로 판단할 수 없고, 자신의 정점을 알아차릴 수 없기 때문이다. 그러니 그에게 노골적으로 부당한 일을 하고, 괴롭히고, 일반적으로 뻔뻔하게 나옴으로써 상대방을 성나게 만들어라.[68]

---

68 일본의 전설의 검객 미야모토 무사시도 상대방을 화나고 노엽게 만들라고 주장한다. 첫째, 상대방이 위험을 느끼게 하고, 둘째, 상대방이 무리라고 생각하게 하고, 셋째는 예상 밖의 상태라고 느끼게 하라는 것이다. 많은 인원의 전투에서도 상대를 화가 치밀게 만드는 것이 중요하다는 것이다. 즉 적이 예기치 않은 곳에 격렬한 기세로 대들어, 적의 마음이 결정되지 않은 동안에 이쪽이 유리하도록 선수를 쳐서 이기는 것이 중요하다. 또한 1대 1의 싸움에서도 처음에는 느긋한 자세로 임하다가 갑자기 강하게 공격해 들어, 적이 숨 쉴 틈도 주지 않고 그대로 승리를 획득하는 것이 중요하다.

상대방에게 중구난방식의 질문을 던져라

질문에서 도출되는 결론이 나오지 않도록, 상대방에게 질서정연하게 질문하지 말고 중구난방식으로 이것저것 마구 던져라. 그러면 상대방은 당신이 노리는 것이 무엇인지 알지 못해 사전에 준비할 수 없게 된다. 그렇게 되면 상대방의 답변을 상이한 결론에, 그 성격에 따라 심지어 상반되는 결론에도 이용할 수 있다. 자신이 사유 과정을 은폐해야 한다는 점에서 이 방법은 요령 4(상대방이 당신의 결론을 예측하지 못하게 하라)와 유사하다.

요령 10 | 역발상으로 상대방의 허를 찔러라

　　당신의 명제를 위해 상대방의 긍정적인 답변이 필요한 질문에 대해, 상대방이 의도적으로 부정적인 답변을 할 것으로 예상된다면, 사용될 수 있는 명제와 반대되는 것을 질문해야 한다. 그 명제를 당연히 긍정할 것으로 생각한다는 듯이 말이다. 또는 최소한 상대방에게 두 가지 중 한 가지를 선택하도록 한다. 그래서 당신이 그에게서 어떤 명제를 긍정하기를 원하는지 그가 알아채지 못하도록 한다.

개별적인 사실들의
시인을 일반화하라

귀납 추론[69]을 하라. 그러면 그는 귀납 추론을 지지해 줄 수 있는 개별적인 사실들을 시인하게 된다. 그렇게 되면 우리는 그가 개별적인 사실들에서 비롯하는 보편적인 진리를 인정하는지 그에게 질문할 필요 없이, 그 후 그것을 결정되고 시인된 진리로 도입하면 된다. 그러면 그 자신이 이따금 그 진리를 시인했다고 생각할 것이기

---

69 귀납법 또는 귀납 추론(Induktion)은 주어진 개별적인 사실에서 일반적인 규칙을 이끄는 추론 형식의 추리 방법이다. 개별적인 사실들에서 일반적인 규칙을 끌어낸다. 귀납적 추론이라고도 한다. 연역 추론(Deduktion)에 대립하는 개념이다. 예를 들면 "C1 : 까마귀는 난다, C2 : 참새는 난다, 배경지식 : 까마귀는 새이다, 참새는 새이다"에서, "P1 : 새는 난다"를 도출하는 추론이다. 르네상스 후의 근대철학, 특히 영국 고전 경험론의 창시자인 프랜시스 베이컨의 모델에 따르면 경험적 사실로부터 추측 혹은 가설과 원리를 생각해내고 경험적 사실로 참 또는 거짓을 판단하는 방법을 말한다. 편견과 선입견에서 벗어나 오로지 경험적 사실로부터 추론해낸다는 것이 그 핵심이다. 베이컨은 『신 기관Novum Organum』(1620)에서 귀납 추론을 방해하는 네 가지 원리들을 발표했다.

* 네 가지 부정적인 원리
1. 종족의 우상 : 사물들을 있는 그대로 보지 않고 선입견을 가지고 보려는 인간 종족의 입장.
2. 동굴의 우상 : 개인의 좁은 시각 때문에 오류를 범하는 것. 우물 안 개구리.

때문이다. 옆에서 논쟁을 지켜보는 청중들도 개별적 사실들에 대한 많은 질문을 기억하고 있을 것이고, 분명 자신들의 목적을 달성했다고 여길 것이기 때문에, 이들 역시 같은 인상을 받을 것이다.

3. 시장의 우상 : 언어와 용법을 잘못 써서 생기는 혼동. 인어라는 말이 있으니 인어가 존재한다.
4. 극장의 우상 : 잘못된 방법과 결부된 철학 체계로 인한 해로운 영향. 어떤 유명한 학자가 지구는 평평하다고 하니 지구는 평평하다.

＊ 세 가지 긍정적인 원리
베이컨에 따르면 진리에 이르기 위해서는 세 가지 단계를 거쳐야 한다.
1. 편견 없는 자료수집(관찰, 실험)
2. 귀납을 통한 일반화, 가설 획득
3. 가설로부터 새로운 관찰, 실험 결과를 연역적으로 이끈 뒤, 실제 경험 자료와 비교해서 가설을 정당화.
하지만 1740년 데이비드 흄에 의해 많은 단점에 대한 비판이 제기되었다. 그 주 내용은, 이러한 귀납적 추론들이 인간의 관측 가능한 세계 밖에서는 의미가 없을 뿐더러 인간의 감각적인 인식으로는 영원불변해야 하는 과학적 지식을 증명할 수 없다는 것이다.

자신의 주장에 유리한
비유를 재빨리 선택하라

    자신의 명칭을 갖지 않고 비유를 통해 은유적으로 지
칭되어야 하는 보편적인 개념이 화제에 오르면 우리는 그 비유가 우
리의 주장에 유리하도록 선택해야 한다. 예컨대 스페인에서는 두 정
파를 지칭하는 '존왕파[70]'와 '진보파[71]'라는 명칭은 확실히 후자인 진
보파가 쓰는 표현이다.

  신교도Protestant라는 명칭은 그들 자신이 붙인 이름이다. 복음주의
Evangelical라는 명칭도 마찬가지다. 하지만 이단이라는 명칭은 가톨릭
교도들이 붙인 것이다.

  또한 더 많은 정확하고 확실한 의미를 허용하는 사물들의 명칭에
관련해서도 유사한 원칙이 적용된다. 예컨대 상대방이 어떤 변화를

---

[70] serviles.

[71] liberales.

제안하면 당신은 이를 '혁신'이라고 바꾸어 말하라. 혁신이라는 난어는 비위에 거슬리는 표현이기 때문이다. 여러분 자신이 제안자라면 그 반대가 될 것이다. 상대방이 어떤 변화를 제안하는 첫 번째 경우에는 변화의 반대를 '현존 질서'라고 부르고, 두 번째의 경우에는 변화의 반대를 '낡은 관습[72]'이라고 말하면 된다.

그리고 전혀 비교의적이고 비당파적인 사람이 가령 '경배'나 '공적인 교의'라고 부르는 것을, 이에 대해 옹호하려는 사람은 '경건함'이나 '신실함'이라 부를 것이지만, 그것에 반대하는 사람은 '위선'이나 '미신'이라고 말할 것이다. 이것은 따지고 보면 그의 선결문제 요구의 오류[73]이다. 우리가 먼저 정의하려고 하는 것을 우리는 미리 단어 속에, 명칭 속에 집어넣는다. 그것으로부터 단순히 분석적인 판단이 행해진다. 어떤 사람이 '안전하게 보호조치를 취한다'고 하는 것을 상대방은 '감금한다'고 말한다.

연설가는 종종 자신이 사물에 부여하는 명칭을 통해 자신의 의도를 미리 드러낸다. 한쪽은 '성직자Geistlichkeit'라고 말하고, 다른 쪽은 "사이비 목사Pfaffe[74]"라고 부른다.

대화의 모든 요령 중에서 본능적으로 가장 빈번하게 사용되는 것은 이것이다.

열성적인 신앙 = 광신.

---

72 Bocksbeutel에는 낡은 관습, 구식 편견, 염소의 음낭, 프랑켄 산 포도주, 배가 불룩한 프랑켄 포도주병이라는 여러 가지 뜻이 있다.

73 petitio principii.

74 Pfaffe는 원래 성직자를 일컫는 존칭이었으나, 루터 이래로 사이비 성직자라는 폄하하는 말로 쓰였다.

잘못을 저지르는 행위나 여성한테 정중한 태도＝간통.

모호한 말＝음담.

난처한 상황＝파산.

영향과 연고를 통해＝뇌물과 정실을 통해.

진실한 감사의 표시＝좋은 보수.

상대방에게 상반되는 두 가지 명제를
제시하고 하나를 선택하게 하라

상대방이 어떤 명제를 받아들이도록 하려면 우리는 그것에 상반되는 명제를 제시하고 둘 중 하나를 선택하도록 해야 한다. 그리고 이 반대 명제를 되도록 확연히 대비되게 제시해야 한다. 그리하여 상대방이 모순에 빠지는 것을 피하기 위해 전적으로 그럴듯해 보이는 우리의 명제에 동의하도록 해야 한다. 예컨대 아버지가 하라고 하는 모든 말을 자식이 해야 함을 상대방이 인정하도록 하려면 이렇게 질문하면 된다. "모든 일에서 부모님의 말에 순종해야 할까요, 아니면 순종하지 말아야 할까요?"

또는 어떤 하나의 일에 대해 '자주'라는 대답을 한다면 '자주'란 말이 적은 경우를 말하는 건지, 또는 많은 경우를 말하는 건지 물어본다. 그는 '많은' 경우라고 말할 것이다. 이는 검은색 옆에 회색을 놓아두는 경우 그것을 흰색이라 하고, 흰색 옆에 회색을 놓아두는 경우는 그것을 검은색이라고 하는 것과 같다.

뻔뻔한 일격을 가하라

이것은 상대방에 대한 후안무치한 일격이다.

당신의 여러 가지 질문을 던졌을 때 상대방의 답변이 당신이 의도한 결론에 유리하게 드러나지 않는 경우가 있다. 이때 당신이 끌어내려고 하는 결론을 내세워라 – 결코 그런 결론이 도출되지 않겠지만 말이다. 그럼에도 마치 그것이 증명된 것처럼 제시하고 의기양양하게 천명하라.

상대방이 소심하거나 지능이 떨어지고, 또 우리 자신이 무척 후안무치하고 좋은 음성을 지녔을 경우, 이 방법은 꽤 잘 먹혀들 수 있다. 이는 근거가 될 수 없는 것을 근거로 내세우는 오류[75]에 속한다.

---

[75] fallacia non causae ut causae.

요령 15 | 복합질문을 이용해 당신의 주장을 밀어붙여라

우리가 어떤 모순적인 명제를 내세웠는데, 그것의 증명에 어려움을 느낀다고 하자.

그런 경우 상대방에게 어떤 옳은 명제, 하지만 아주 명백하게 옳지는 않은 명제를 받아들이거나 또는 물리치도록 하라. 마치 거기에서 증거를 끌어오려는 듯이 말이다. 상대가 그 명제를 불신하며 배척한다면 우리는 그의 불합리함을 보여주며 승리를 거둘 수 있다. 하지만 상대방이 그 명제를 받아들인다면 우선 당분간 무언가 합리적인 이야기를 하면서 좀 더 지켜보아야 한다. 또는 우리가 앞에서 살펴본 요령들을 덧붙이고, 상대방이 받아들인 명제에 의해 우리의 역설이 증명되었다고 주장한다. 이것은 극단적으로 뻔뻔한 방법에 속한다. 하지만 이런 방법은 경험에서 우러나온다. 그리고 이 모든 방법을 본능적으로 잘해 내는 사람들이 있다.

상대방의 주장을 역이용하라

상대방 자체를 논거로 이용하는 대인 논증이나 상대방의 시인에 근거한[76] 논증 요령이다. 내가 증명하여 이끌려고 하는 진리는 객관적이고 보편타당한 진리이다. 그 경우 나의 증명은 진리에 근거해[77] 행해진다. 그러한 증명만이 엄밀히 말하면 가치와 진정한 타당성을 지닌다. 또는 내가 도출해내는 진리는 내가 가령 논쟁을 벌여 증명하려는 명제에만 적용된다. 말하자면 그는 하나의 명제를 선입견으로 최종적으로 받아들였거나, 또는 논쟁할 때도 섣불리 그것을 인정했다. 나는 내 증거를 이 명제를 근거로 할 것이다. 그러면 나는 단순히 상대방 자체를 논거 삼아 증명하는 셈이 된다. 나는 내 상대방에게 내 명제를 인정하도록 강요한다. 하지만 나는 보편타당한 진리를

---

76 ad hominem oder ex concessis.

77 secundum veritatem.

근거로 삼지 않을 것이다. 나의 증거는 상대방에게만 적용되지 그 외의 누구에게도 적용되지 않는다.

예컨대 상대방이 엄격한 칸트주의자이고, 내가 내 증거를 칸드의 발언에 근거한다면 그 증거는 그 자체로 단지 상대방 자체를 논거로 삼을 뿐이다. 상대방이 마호메트 신봉자라면 나는 내 증거에 대해 코란의 어느 구절을 근거로 삼을 수 있다. 그리고 그에게는 그것으로 충분하다. 하지만 상대방 자체를 논거로 이용한 것일 뿐이다. 고대 철학에서 유래하는 어떤 말을 논거로 삼는 주장이 메노에코스Menoecos에게 보내는 에피쿠로스의 서간에서 발견된다. 그 편지는 『디오게네스 라에르티오스』 제10권에 실려있다. 에피쿠로스는 테오그니스[78]의 유명한 경구를 논박하고 있다.

상대방의 어떤 주장을 할 때 우리는 그것이 그가 이전에 말하고 인정한 어떤 것과 모순되지 않는지 살펴봐야 한다. 부득이할 경우에는 단지 겉으로만 그렇게 보일지라도 말이다. 또는 상대방이 칭찬하고 시인한 어느 학파의 규정이나 종파의 교의敎義, 또는 이 종파의 신봉자의 행위와 모순되지 않는지 살펴보아야 한다. 비록 그가 진정하지 않은 겉보기의 신봉에 불과하더라도, 또는 그 자신의 일체의 행위와 모순되지 않는지 살펴보아야 한다. 예컨대 그가 자살을 변호한다면 곧

---

78 테오그니스(Theognis, 출생과 사망 미상): BC 6세기 말부터 5세기 초까지 아테네 근처 메가라에서 활동한 그리스의 시인. 그는 "인간 세상에 태어나지 않고 밝은 빛을 보지 못하는 것이야말로 더없이 좋은 일이다. 그러나 태어난 이상 빨리 죽음의 신의 품으로 가는 것이 그다음으로 좋은 일이다"라고 노래했다. 그의 시 대부분은 그가 사랑하는 키르노스라는 여인에게 바쳐진 것이다. 예의범절에 대한 시도 썼으며 변화하는 당시의 정세 속에서 귀족사회를 묘사해 중요하게 평가된다. 그는 시라쿠사 역사에서 확인되지 않은 한 사건에 대한 시와 키르노스를 위한 격언 모음집 등 2,800행에 달하는 훈계조의 시를 썼다고 하는데, 현존하는 것은 1,400행도 채 못 된다. 테오그니스의 시라고 하는 것 중 많은 작품은 실제로 그의 것인지 미심쩍지만, 고대 그리스의 비가체 시의 절반 이상이 그의 것으로 알려져 있다.

장 이렇게 소리친다. "왜 당신은 목을 매달지 않는가요?" 또는 예컨대 베를린은 체류하기 불편한 곳이라고 주장하면 즉시 이렇게 소리친다. "왜 첫차를 타고 당장 이곳을 떠나지 않는가요?"

이처럼 어떤 식으로든 트집 잡을 구석이 있을 것이다.

요령 17 | 미묘한 차이를 들어 빠져나가라

상대방이 반증을 통해 우리를 압박하면 전에는 미처 생각하지 않은 미묘한 차이를 들어 종종 위기에서 빠져나갈 수 있을 것이다. 논쟁의 사안이 어떠한 이중적인 함의를 허용하든가 또는 모호한 의미로 사용될 수 있는 경우에 그러하다.

불리할 때는 논쟁의 진행을 방해하고 다른 방향으로 돌려라[79]

상대방이 우리를 효과적으로 공격할 논증을 움켜잡았다고 파악되는 순간, 논쟁이 상대의 주도하에 휘둘리게 해서는 안 될 것이다.

다시 말해 그가 논쟁을 끝까지 관철하게 하지 말고 늦지 않게 논쟁의 진행을 중단시키거나 또는 다른 방향으로 돌리고, 다른 명제로 넘어가야 한다. 요컨대 논점의 전환을 꾀하도록 해야 한다. (이에 관해서는 요령 29를 참조)

---

79 이는 사람의 주의나 관심을 딴 곳으로 쏠리게 하는 훈제 청어(red herring)의 오류와 유사한 방법이다.

논점에서 밀릴 때 문제를
일반화하여 대응하라

    상대방이 그의 주장의 어떤 특정 논점에 반대하는 주장을 내놓으라고 우리에게 명시적으로 요구하는데, 우리에게 제대로 된 대응 수단이 없을 경우 우리는 그 사안을 일반화한 다음 그것에 맞서 말해야 한다.

  특정한 물리적 가설을 신뢰할 수 없는 이유를 이야기해야 하는 경우, 우리는 인간이 지닌 지식의 오류 가능성에 대해 말하고, 그에 관한 다양한 실례를 들어 설명한다.

요령 20	상대방이 우리의 전제들을 인정하는 경우 즉각 결론을 이끌어라

우리가 상대방에게 여러 전제를 물어보았을 때, 그리고 그가 그것들을 인정하는 경우 우리는 그것으로부터 도출되는 결론을 그에게 묻지 말고, 우리 자신이 즉각 결론을 이끌어야 한다. 심지어 전제들 가운데 이것저것이 결여되어 있다 하더라도 그것 역시 시인된 것으로 가정하고 결론을 이끌어야 한다. 이 기술이 바로 근거가 될 수 없는 것을 근거로 내세우는 오류의 적용이다.

상대방의 궤변에는 궤변적인 반대 논거로 맞서라

상대방이 단순히 피상적이거나 궤변적인 논거를 사용할 때, 우리가 그것을 간파하는 경우 우리는 사실 그의 미심쩍고 피상적인 성격과 대결함으로써 그 문제를 해결할 수 있다. 하지만 마찬가지로 피상적이고 궤변적인 반대 논거로 그에게 대응하고, 그를 처리하는 것이 더 낫다. 여기서 중요한 것은 진리가 아니라 승리이기 때문이다.

예컨대 그가 상대방 자체를 논거로 삼는 대인 논증을 한다면 마찬가지로 대인 논증이나 시인에 근거한 논증과 같은 반대 논거를 통해 힘을 빼는 것으로 충분하다. 그리고 일반적으로 그 사안의 참된 속성에 대해 오랫동안 대결하는 대신에 가능하다면 이런 방법을 취할 때 논쟁 시간이 더 절약된다.

상대방이 억지를 부리면 선결문제 요구의 오류로 치부하라

상대방이 논쟁 중인 문제의 결론과 직결될 수 있는 어떤 것을 우리에게 인정하라고 요구한다면, 우리는 일종의 선결문제 요구의 오류로 치부하면서 그것을 거부해야 한다.

왜냐하면 상대방과 청중들은 논쟁 중인 문제와 유사한 명제를 쉽사리 그 문제 자체와 동일시할 것이기 때문이다. 그리하여 우리는 상대방의 최상의 논거를 빼앗게 된다.

상대방을 자극해 자신의 주장을 과장하게 하라

반박과 언쟁은 사람을 자극하여 자신의 주장을 과장하게 만든다. 그러므로 우리는 상대방을 자극해 그 자체로 또 일정한 한계 내에서 아무튼 진실된 주장이 진실의 경계를 넘어서도록 몰아갈 수 있다. 이러한 과장을 반박하면 우리가 그의 원래 명제도 반박한 것처럼 보인다.

반면에 우리 자신은 반박을 통해 우리 명제를 과장하거나 더 이상 확장하지 않도록 주의해야 한다. 또한 때로는 상대방 자신도 직접 우리가 제시한 이상으로 우리의 주장을 확대하려고 할 것이다. 그러면 우리는 즉시 그의 말에 제동을 걸고 우리 주장의 경계선 안으로 그를 다시 데려와야 한다. "내가 말한 것은 이 정도이고, 그 이상은 아닙니다."라고 말하면서.

요령 24 | 그릇된 삼단논법을 적용하라

이 요령은 억지 결론을 이끄는 그릇된 삼단논법[80]의 적용이다. 상대방이 어떤 명제를 내세우면 그 개념을 그릇되게 추론하고 왜곡해서 그 명제에 담겨있지 않고 전혀 상대방의 견해가 아닌 명제, 불합리하거나 위험한 명제로 만들어버린다.

그러면 그의 명제가 그 자체로 또는 승인된 진리와 모순되는 명제들을 낳는 것처럼 보이므로 이것은 간접 반박된 것으로 간주된다. 이것이 간접논증이다. 그리고 이것은 다시 근거가 될 수 없는 것을 근거로 내세우는 오류의 적용이다.

---

80 Konsequenzmacherei(false syllogism).

반증 사례를 찾아내
상대방의 명제를 뒤집어라

이 요령은 반증[81]을 통한 간접논증과 관련된다.

귀납법의 경우 보편적 명제를 내세우기 위해서는 방대한 양의 사례가 필요하다. 그러나 간접논증의 경우는 그 명제가 적용되지 않는 단하나의 사례를 내세우기만 하면 그 명제가 뒤집힌다. 그러한 경우가 반증이라 불린다.

예를 들어, "모든 반추 동물은 뿔이 있다"는 명제는 낙타라는 하나의 반증 사례를 통해 뒤집힌다. 반증은 보편적인 진리를 적용하는 경우로, 어떤 것을 보편적 진리의 기본 개념에 포함시키는 방법이다. 이렇게 하면 저 명제는 적용되지 않고, 따라서 완전히 뒤집히게 된다. 하지만 이 경우 속임수가 일어날 수 있다. 그러므로 우리는 상대방이 반증을 시도하는 경우 다음 사실을 유의해야 한다.

---

81 exemplum in contrarium(instantia)

1) 그 사례 또한 정말로 참인지의 여부.

예를 들어, 많은 기적, 유령 이야기 등과 같이 해당 경우가 참이 아닌데, 그것이 유일한 진정한 해결책이 되는 문제점들이 있기 때문이다.

2) 그 사례 또한 내세워진 진리의 개념에 정말로 포함되는지의 여부.

이는 종종 겉으로만 그렇게 보일 뿐 정확한 구별을 통해 해결되어야 하기 때문이다.

3) 그 사례 또한 내세워진 진리와 정말로 모순되는지의 여부.

이 경우 또한 종종 겉으로만 그렇게 보일 뿐이기 때문이다.

상대방의 논거를 역이용해 반격하라

반박 논거[82]는 상대방에게 멋지게 타격을 가하는 수법이다. 상대방이 자신을 위해 사용하려는 논거를 역이용하여 더 적절하게 사용할 수 있다면 말이다.

예를 들어, 상대방이 이렇게 말한다. "그는 어린아이입니다. 그러니 그의 정상을 참작하는 게 필요합니다." 그러면 이렇게 반박 논거를 댈 수 있다. "우리는 그가 어린아이라는 바로 그런 이유로 그 아이를 따끔하게 혼내야 합니다. 그렇지 않으면 그가 나쁜 버릇에 물들 수 있기 때문입니다."

---

82 retorsio argument.

요령 27 | 상대방이 화를 내는 논거를 집요하게 몰아붙여라

상대방이 어떤 논거에 뜻밖에 특히 화를 낸다면 이 논거를 집요하게 몰아붙여야 한다. 상대방의 화를 돋우는 것이 우리에게 좋을 뿐만 아니라, 그의 사고 과정의 약점을 건드렸다고 추측할 수 있기 때문이다. 그리고 바로 이 부분이 그 순간 눈에 보이는 것 이상으로 어쩌면 공격에 취약할 수 있다.

상대방이 아니라 청중을 설득하라

이 요령은 전문가들이 일반 청중들 앞에서 논쟁을 벌일 때 주로 적용할 수 있다. 핵심을 찌르는 논거가 없고, 또한 아무런 대인 논증조차 없는 경우 청중을 위한 논거[83]를 하나 만들도록 한다. 즉 부당한 이의제기를 하면 된다. 그러나 전문가만이 타당하지 않은 것을 통찰할 능력이 있다.

상대방은 전문가이지만 청중은 그렇지 않다. 따라서 그들이 볼 때 그가 패배한 것이다. 이의제기가 그의 주장을 어떤 식으로든 우스꽝스럽게 비출 때 특히 그러하다. 다시 말해 사람들은 즉시 웃을 준비가 되어 있고, 웃는 사람들은 우리 편에 있다. 우리의 이의제기가 터무니없다는 것을 보여주려면, 상대방은 장황하게 논쟁을 벌여야 하고, 과학의 원칙이나 그 밖의 문제로 되돌아가야 할 것이다. 청중은 그런

---

83 ad auditores.

말을 듣고 싶어하지 않는다.

사례

예를 들어, 상대방은 이렇게 말한다. "원생 암석층이 형성될 때, 화강암과 그 밖의 모든 원생 암석층을 구성하는 결정화된 물질 덩어리는 열에 녹아 액체상태로 흐르고 있었습니다. 그때 온도는 약 200° 정도 되었을 겁니다. 이 덩어리가 바닷속으로 흘러 해수면 밑에서 딱딱하게 굳은 것이지요."

이때 우리는 청중을 위한 논거를 펼친다. "그 정도 온도에서라면, 아니 그보다 훨씬 이전인 80° 정도의 온도에서도 바닷물은 진작 끓어올라 공중에서 증기로 떠돌 것입니다."

그러면 청중은 웃음을 터뜨릴 것이다. 여기서 그가 우리에게 다시 반격을 가하려면 다음을 증명해야 할 것이다. "비등점은 온도뿐만 아니라 기압에도 달려 있습니다. 바닷물의 절반 정도가 증기 형태로 공중에서 떠돌게 되면, 기압 역시 높아져 200° 정도의 온도에서도 바닷물은 끓지 않을 것입니다."

하지만 그는 청중에게 이렇게 말할 수 없을 것이다. 물리학도가 아닌 일반 청중에게 이런 사실을 설명하려면 논문 한 편 정도는 필요하기 때문이다. (미처리히[84]의 논문, 아카데미 출판사, 1822)

---

84 미처리히(Eilhard Mitscherlich, 1794~1863): 결정학적인 유질동상으로 유명한 독일의 화학자. 1818년 베를린 대학의 식물학 연구소에 들어가 비산염과 인삼염燐酸鹽의 성질과 조성을 연구하던 중 결정結晶의 동형률同形律을 발견하여 결정학의 새로운 개척을 이루었으며, 원자량의 결정에도 공헌했다. 그 후에도 다형 현상을 발견, 결정학의 새로운 경지를 개척했고 촉매작용에도 주목했으며 검당계檢糖計도 발명했다. 저서에 『화학 교본』등이 있다.

질 것 같으면
화제를 다른 데로 돌려라

(요령 18. 불리할 때는 논쟁의 진행을 방해하고 다른 방향으로 돌려라[85]와 관련되는 요령임).

우리가 논쟁에서 지고 있다는 것을 알게 되면 국면의 전환을 시도할 수 있다. 즉, 논쟁 중에 상대방에 대항하는 논거인 것처럼 갑자기 전혀 다른 화제를 꺼내기 시작한다. 화제 전환이 그래도 논쟁 중인 주제와 관련이 있다면, 이 일은 다소 겸손하게 일어나겠지만, 그것이 단지 상대방에게만 관련되고, 논쟁 중인 사안에 관해 전혀 이야기하지 않는다면 뻔뻔스럽게 일어날 것이다.

예컨대, 나는 중국에는 세습 귀족이 없으며, 관직이 과거시험의 결과에 의해서만 주어지는 것을 칭찬했다. 그러자 상대방은 훌륭한 가

---

85 이는 사람의 주의나 관심을 딴 곳으로 쏠리게 하는 훈제 청어(red herring)의 오류와 유사한 방법이다.

문(상대방은 이러한 훌륭한 가문을 높이 평가했다)과 마찬가지로 뛰어난 학식도 관직을 맡을 능력을 부여하지 않는다고 주장했다. 이제 상황이 상대방에게 불리하게 돌아갔다. 그러자 그는 중국에서는 지위의 고하와 무관하게 누구나 죄를 지으면 발바닥에 매를 맞는 형벌[86]을 받는다며 즉각 국면의 전환을 시도했다. 그러면서 그는 이러한 형벌은 차를 많이 마시는 중국인들의 습관과 연결시켜 두 가지를 싸잡아 비난했다. 이제 그의 말에 곧장 동의하는 사람은 논점으로부터 이탈하게 되어 이미 쟁취한 승리를 손에서 놓치게 될지도 모른다.

화제를 전환함으로써 논쟁 중인 사안을 완전히 벗어나, 가령 "좋아요, 당신도 최근에 이런 주장을 하지 않았나요?"라고 말한다면, 이는 매우 뻔뻔스러운 행위이다. 그러면 논쟁이 어느 정도 '인신공격[87]'에 속하기 때문이다. 이에 관해서는 마지막 요령에서 다룰 것이다. 엄밀히 말하자면, 화제의 전환은 거기에서 자세히 논할 인신공격성 논증과 대인 논증 사이의 중간단계이다.

평범한 사람들 사이의 모든 말싸움을 보면, 이 요령이 흡사 인간의 타고난 천성이란 느낌이 들 정도이다. 말하자면 어떤 사람이 다른 쪽을 인신공격을 한다면, 그는 이 인신공격에 대해 반박하는 것이 아니라 또 다른 인신공격을 가함으로써 응수한다. 그는 자신에게 가해진 공격을 그대로 내버려 둠으로써 흡사 이를 시인한 인상을 주게 된다. 그는 마치 고대 로마의 스키피오[88] 장군이 이탈리아의 카르타고인이

---

86 장형杖刑, Bastonade.

87 Persönlichwerden.

88 스키피오(Scipio Africanus, Publius Cornelius, BC 235~BC 183): 고대 로마의 장군·정치가. 대大아프리카누스라고 불린다. 제2차 포에니 전쟁(BC 204~202) 때 아프리카의 자마에서 한니발을 무

아니라 아프리카의 카르타고인을 공격했을 때처럼 국면의 전환을 시도한 것이다. 전쟁에서 이런 종류의 전환은 때때로 유용할지도 모른다. 그러나 말다툼에서는 좋지 않은 방법이다. 상대방이 가한 비난을 그대로 내버려 두고 있어, 청중은 양쪽의 모든 나쁜 점을 알아버리기 때문이다. 논쟁에서는 이런 화제의 전환은 달리 뾰족한 수가 없는[89] 경우에만 사용해야 한다.

찌르고 전쟁을 종결시킨 뒤 로마 원로원의 제일인자인 '프린켑스'를 15년 동안 지냈다. 그 후 BC 184년 정적인 자신을 제거하려는 대 카토의 음모로 동생이 쓴 돈의 용처를 추궁받으며 고발되었다가 결국에는 원로원에서 물러났으며 이듬해 52세로 사망했다. 자신이 살린 조국에 의해 고발당하자 화난 스키피오 아프리카누스는 "배은망덕한 조국이여, 그대는 나의 뼈를 갖지 못할 것이다."라고 하며 가족묘지에 묻히기를 거부하는 유언을 남겼다.

89 faute de mieux.

요령 30 | 이성이 아닌 권위[90]에 호소하라

이 요령은 상대방의 숭배를 이용한 논증 방법[91]이다. 여러 가지 근거를 드는 대신에 상대방이 지닌 지식수준에 따라 권위를 이용한다.

로마제국의 최고의 변론가이며 철학자 세네카[92]는 『행복론』[93]에서

---

90 니체는 평민들의 정복 수단이라며 소크라테스의 변증법을 비판한다. 그것이 평민이 사용할 수 있는 저항과 투쟁의 무기라는 것이다. 니체에 의하면 소크라테스 이전의 귀족들은 자신을 논리나 논증으로 증명할 필요가 없었다. 권위로써 증명할 뿐이라는 것이다. 니체가 변증법을 공격하는 이유는 그것이 이성만을 강조한다는 것 때문이다. 그는 이성만을 강조하는 것 자체를 삶 의지의 약화로 본다.

91 argumentum ad verecundium.

92 세네카(Lucius Annaeus Seneca, BC4년경~Ad 65): 세네카는 1세기 중엽 로마의 지도적 지성인이었고, 네로 황제 재위 초기인 AD 54~62년에 동료들과 함께 로마의 실질적 통치자였다. 로마에서 연설가 훈련을 받았으며 스토아주의와 금욕주의적 신피타고라스주의를 혼합한 섹스티의 학교에서 철학을 공부했다. 41년에 황제 클라우디우스는 자신의 조카딸과 간통했다는 혐의로 그를 코르시카로 추방당해 그곳에서 자연과학과 철학을 공부했다. 황제의 부인 아그리피나 덕분에 49년 로마로 다시 돌아왔다. 50년에 집정관이 되었고, 부루스 등 강력한 친구 집단을 만들었고 훗날의 황제인 네로의 스승이 되었다. 54년에 클라우디우스가 암살되자 세네카와 부루스는 권력의 정상에 올랐다. 62년에 부루스가 죽자 그는 은퇴를 허락받고 남은 해 동안 매우 뛰

이러한 말을 남겼다. "사람들은 누구든 판단하기보다는 그냥 믿으려는 경향이 강하다.[94]" 따라서 상대방이 존경하는 권위를 우리 스스로 갖추고 있으면 논쟁을 쉽게 승리로 이끌 수 있다. 상대방의 지식과 능력이 제한될수록 우리가 누리는 권위가 더 커질 것이다. 반면에 상대방의 지식과 능력과 매우 높은 수준이라면 우리가 누릴 수 있는 권위가 극히 미미하거나 거의 없을지도 모른다. 아무튼 그는 자신이 거의 모르거나 전혀 모르는 과학과 예술이나 수공예의 전문가들이 누리는

어난 철학책 몇 권을 썼다. 65년에 적들로부터 고발당하여 자살을 명령받았다.

93 세네카의 『행복론De vita beata』은 행복이 무엇인지, 어떻게 해야 행복을 구할 수 있는지에 대해 형 갈리오에게 헌정한 글로, 행복을 가로막던 습관에서 벗어나 행복으로 한 걸음 더 가까이 가도록 해준다. 쾌락의 지배를 받아 고통으로 이어진 삶을 살기보다 미덕을 추구하며 자연에 맞게 살아야 행복한 삶을 누린다는 내용을 설득력 있게 쓴 철학 에세이다. 세네카는 자신이 말하는 행복한 삶을 독자가 어떻게 해야 자신의 삶에도 잘 적용할 수 있을지 고민하지 않을 수 없게 만든다. 각 장마다 먼저 삶의 행복에 대해 고민한 내용을 편안하면서도 진지하게 제시한 다음 구체적인 비유를 들어 설명한다.

세네카는 행복한 삶에 이르기 위해서는 먼저 우리가 추구하는 목표가 무엇인지 분명히 알아야 한다고 강조한다. 올바른 방향이 중요하다. 만약 반대 방향의 길로 들어섰는데 서둘러 간다면 거리가 더 멀어지기 때문이다. 이성에 따르지 않고 앞서가는 사람들에게 맹목적으로 동조하는 것을 세네카는 가장 경계해야 할 점으로 꼽는다. 이를 가축 떼처럼 앞서가는 무리를 뒤따라가는 것이라고 비유한다. 세네카는 차분히 말한다. "행복한 삶이란 올바르고 확고한 판단에 기초하고 있어 동요하는 일이 없는 생활이지요. 현재 상황이 어떠하든 거기에 만족하고 자신의 처지에 친숙해지는 사람은 행복하지요. 그러니까 이성이 인생관 전체를 규정해 주는 사람은 행복하다는 것이지요."

세네카는 쾌락과 미덕의 결합을 반대하면서 여러 가지 비유를 든다. 그는 쾌락을 파종을 위해 갈아놓은 들판에 피는 꽃에 비유했다. 꽃이 덤이듯 쾌락도 미덕의 보수나 동기가 아니라 덤이라고 설명한다. 마치 전쟁터에서 돌아오는 개선장군처럼 "미덕을 맨 선두에 서게 하고 미덕이 깃발을 들게 하시오."라고 명령하듯 말한다. 우리는 쾌락에게 주도권을 넘겨주면 쾌락에게 자신을 파는 셈이 되어 둘 다 잃게 된다. 결론은 진정한 행복을 미덕에 두고 쾌락의 주인노릇하며 쾌락을 조절해야 한다. "그대는 말과 행동이 다르군요." "철학자들은 약속을 지키지 않아요."라는 말에 대해 세네카는 당당하게 대답한다. "나는 미덕에 관해 말하고 있는 것이지 나 자신에 대해 말하는 것이 아니라오. 가파른 곳을 오르는 자가 정상까지 오르지 못한다고 해서 뭐가 그리 놀랄 일인가요? 성공하지 못하더라도 칭찬받아 마땅하지요."

철학적인 말을 하면서 왜 제대로 지키지 못하느냐고 비난하는 사람들에게 나는 현인이 아니며 가장 탁월한 자와 동등해지기를 요구하는 것이 아니라, 사악한 자보다 더 낫기를 요구하라고 대답한다.

94 Unusquique mavult credere quam judicare.

권위 정도나 인정해줄 것이다. 이것도 불신하며 인정해줄 것이다.

평범한 사람들은 모든 종류의 전문가들에 대해 깊은 존경심을 가지고 있다. 그들은 전문직종에 종사하는 사람들이 그 일이 아니라 그 일로 벌어들이는 돈을 사랑한다는 것을 모르고 있다. 심지어 그들은 이런 전문적인 일을 가르치는 사람들이 그것을 철저히 아는 경우가 드물다는 것을 모르고 있다. 왜냐하면 그것을 철저히 연구하는 자는 대체로 가르칠 시간이 없기 때문이다. 하지만 일반 대중들한테 그들은 존경할 만한 권위를 지닌 사람으로 대접받는다. 따라서 적당한 권위가 없다면 그런 권위가 있는 양 행세하며, 어떤 권위자가 다른 의미에서 또는 다른 상황에서 말한 것을 인용해야 한다. 상대방이 전혀 이해하지 못하는 권위가 대체로 가장 큰 효과를 발휘한다. 배움이 없는 사람들은 진부한 그리스어나 라틴어 문구 몇 마디에도 나름대로 존경심을 품는다.

필요한 경우 권위를 왜곡할 뿐만 아니라 멋대로 날조할 수 있고, 또는 심지어 자신이 완전히 꾸며낸 권위를 내세울 수도 있다. 교양이 없는 사람들은 대개 책을 가까이하지 않으며, 또한 책을 어떻게 다루어야 할지 알지 못하기 때문이다. 이에 대해 가장 좋은 예로는 프랑스의 퀴레Curé를 들 수 있다. 그는 다른 시민들과는 달리 자기 집 앞의 도로를 포장하는 것을 원치 않았다. 그래서 그는 성서에 나오는 "저들이 아무리 흔들어도, 나는 흔들리지 않으리라[95]"라는 구절을 인용해 말했다. 이 말이 지방 단체장을 설득시켰다.[96]

---

95 paveant illi, ego non pavebo. 시편 30편 6절, 62편 6절에 "나는 흔들리지 않으리라"라는 구절이 있다.

96 이것은 paveant와 pavebo가 프랑스어 paver(포장하다)와 의미가 같다는 데서 착안한 말장

일반적인 편견[97] 역시 권위로 사용할 수 있다. 사람들 대부분은 아리스토텔레스가 말했듯이 '많은 사람들이 신뢰하는 것은 옳다'고 생각하기 때문이다. 아무리 어리석은 견해라 할지라도, 그러한 것이 보편적으로 받아들여지는 견해라고 그들을 설득시키는 순간 사람들은 그것을 쉽게 자신의 견해로 받아들인다. 앞선 사례는 그들의 행동은 물론이고 그들의 생각에도 영향을 미친다. 일반 대중은 목에 방울을 달고 무리를 이끄는 양[98]이 어디로 가든 그 뒤를 따라가는 양 떼와 같다. 그들에게는 생각하는 것보다 죽는 것이 더 쉽다. 어떤 견해의 보편성이 그들한테 그토록 큰 영향력이 있다는 것은 무척 이상할 정도이다. 얼마나 스스로 판단하지 않고, 단순히 선례에 의존해서 견해를 받아들인다는 것을 그들 자신의 경험으로 알 수 있기 때문이다. 하지만 이들에게는 아무런 자기 인식이라는 것이 없으므로 그들은 그런 사실을 알지 못한다. 플라톤은 '사람이 여럿이면 견해도 여럿'이라고 말한 바 있다. 그러나 이런 말을 할 수 있는 사람은 극소수의 선택된 사람들일 뿐이다. 다시 말해 일반 대중의 머릿속에는 허튼 생각만 잔뜩 들어있으므로, 그 부분을 겨냥하려 한다면 할 일이 많을 것이다.

어떤 견해의 보편성이라는 것은 진지하게 말하면 그 견해가 옳다는 증거는 아니며, 그것이 옳다는 개연성의 근거조차 될 수 없다. 그것이 옳다고 주장하는 자는 다음 사실을 받아들여야 한다.

난이다.

97 쇼펜하우어는 『도덕의 기초에 관하여』(김미영 옮김, 책세상, 2008, 224쪽)에서 "기존의 편견을 진리의 척도로 삼거나, 설명될 수 없는 경계석으로 삼으려 한다면, 철학부와 학술원을 완전히 폐기하는 것이 좀 더 정직한 일일 것이다"라고 말한다.
98 Leithammel.

1) 시간상의 거리가 그 보편성의 증거력을 빼앗아버린다는 사실을. 만약 그렇다면 한때 보편적 진리로 간주되던 옛날의 모든 오류를 다시 진리라고 주장해야 할 것이다. 예컨대 천동설을 주장한 프톨레마이오스[99]의 우주 체계나, 모든 개신교 국가에서 다시 가톨릭을 회복시켜야 할 것이다.

2) 공간상의 거리가 이와 같은 일을 한다는 사실을. 그렇다면 불교, 기독교, 이슬람교의 신봉자들은 견해의 보편성이라는 말에 당황할 것이다. (벤담, 『입법부의 전술Tactique des assemblées législatives』 제2권)

그러므로 우리가 보편적 견해라고 부르는 것은 밝은 빛 아래서 살펴보면 두세 사람의 견해에 불과하다. 보편타당하다는 견해가 어떻게 생겨나는지 살펴보면 우리는 그런 사실을 확신하게 될 것이다. 그러면 우리는 맨 처음 그런 견해를 받아들이거나 내세우고 주장한 사람이 두세 사람에 불과하고, 보통 사람들은 선량하게도 그들이 그 견해들을 철저히 점검했을 거라고 쉽게 믿어버렸음을 알게 될 것이다. 이들에게 충분한 능력이 있다는 선입견에 사로잡혀 맨 처음 다른 몇몇 사람들이 그 견해를 마찬가지로 받아들인다. 그런 다음 많은 다른 사람들이 다시 이들 말을 신뢰한다. 태만함 때문에 먼저 수고스럽게 점

---

99 프톨레마이오스(Claudius Ptolemaeos, 출생과 사망 미상): AD 127~145년에 알렉산드리아에서 활동한 고대 그리스의 천문학자·지리학자·수학자. 프톨레마이오스는 지구가 중심에 있고 태양계의 천체들은 달·수성·금성·태양·화성·목성·토성의 순서로 있다고 생각했다. 그의 생애는 거의 알려져 있지 않다. 프톨레마이오스는 뛰어난 기하학자로서 수학 분야에 중요한 업적을 많이 남겼고, 지리학자로서 『지리학 안내』라는 책으로 명성을 떨쳤다. 이 책에는 많은 결점이 있지만 후세에 매우 큰 영향을 미쳤다. 프톨레마이오스는 아시아가 실제보다 동쪽으로 훨씬 더 확장되어 있다고 했기 때문에 콜럼버스는 서쪽으로 계속 항해하면 아시아에 닿을 수 있으리라고 믿었다. 또한 1775년까지도 프톨레마이오스가 말했던 것처럼 인도양이 남쪽의 대륙에 의해 막혀 있을 것이라고 믿었다. 그러나 이것은 같은 해 7월 제임스 쿡이 남반구 항해에서 돌아옴으로써 틀렸다는 것이 증명되었다.

검하기보다 차라리 즉시 믿어버리는 쪽을 택한 것이다. 그리하여 태만하고 쉽게 믿어버리는 신봉자들의 수가 날아갈수록 늘어난다.

일단 많은 수의 사람들이 이 견해에 동조하고 있는 까닭에 그 추종자들은 이 근거에 설득력이 있어서 그런 결과에 도달했으리라 생각한다. 이쯤 되면 아직 남은 사람들은 보편타당한 견해에 맞서는 불온한 사람으로 취급받지 않기 위해, 그리고 건방지게 세상의 모든 사람보다 똑똑해지려는 녀석으로 취급받지 않기 위해, 보편적인 것으로 간주되는 것을 인정하지 않을 수 없게 된다.

이제 이 견해에 동조하는 것은 의무 사항이 된다. 이제부터는 판단 능력이 있는 소수의 사람은 침묵해야만 한다. 이때 말을 해도 되는 사람은 자신의 고유한 견해와 판단을 내놓을 능력이 전혀 없고, 남의 견해를 그저 앵무새처럼 읊는 자들뿐이다. 하지만 이들은 그럴수록 그 견해의 더 열렬하고도 더 너그럽지 않은 옹호자 노릇을 하게 된다. 이들이 자신과 다르게 생각하는 사람을 증오하는 이유는 그가 자신과 다른 견해를 신봉하기 때문이라기보다는 스스로 판단하려는 오만함 때문이다. 이들 자신은 결코 스스로 판단할 시도조차 하지 않으면서도, 은연중에 그런 사실을 의식하고 있다. 요컨대 생각할 능력이 있는 사람들은 소수지만, 모두 나름대로 자신의 견해를 가지려고 한다. 그렇다면 스스로 견해를 만들어내는 대신 다른 사람들의 완전히 준비된 견해를 받아들이는 것 말고 다른 무슨 수가 남아 있겠는가?

사정이 이럴진대, 수억 명이 내는 똑같은 목소리가 무슨 소용이란 말인가? 가령 우리가 수백 명의 역사가들이 쓴 저서에서 발견하는 한 가지 역사적 사실도 이와 마찬가지라 할 수 있다. 이들 모두 서로 다른 사람의 글을 그대로 베꼈음이 드러난다. 그리하여 거슬러 올라

가 보면 모든 것이 결국 한 사람의 진술로 귀결된다

벨[100]은 『혜성에 대한 생각』[101]에서 이렇게 말한다. "내가 그렇게 말하고, 너도 그렇게 말하니, 결국 그도 그렇게 말한다. 그 많은 구전된 것에 따라 너는 그것만 보고, 진실은 보지 못한다."[102]

그럼에도 불구하고 우리는 평범한 사람들과 논쟁을 할 때 보편적 견해를 권위로 사용할 수 있다.

보통 우리는 평범한 두 사람이 서로 다툴 때 그들 두 사람이 공통으로 선택한 무기가 대체로 권위임을 발견할 것이다. 이것을 가지고 둘은 서로 치고받고 싸우게 된다. 머리가 좀 더 나은 사람이 그런 사람과 다툴 때도 가장 추천할 만한 것은 그 역시 이 무기를 사용하라는 것이다. 물론 상대방이 보이는 허점에 따라 골라서 선택하면 된다. 왜냐하면, 가설에 따르면[103], 이런 상대방은 생각과 판단 능력을 잃고 무능력의 홍수에 적셔진 각질 피부의 지크프리트[104]처럼 근거라는 무기에는 속수무책이기 때문이다.

엄밀히 말하자면 법정에서는 권위, 확고부동한 법률의 권위로만 논쟁이 벌어진다. 여기서 판단력이 하는 것은 법률, 즉 문제가 되는 사안에 적용할 수 있는 권위를 찾아내는 일이다. 하지만 변증술을 사용

---

100 벨(Pierre Bayle, 1647–1706): 프랑스의 철학자·비평가. 합리주의 철학을 주창하여 볼테르 등 백과전서파에 영향을 주었음).

101 벨(Bayle), 『혜성에 대한 생각Pensées sur les Comètes』 제1권.

102 "Dico ego, tu dicis, sed denique dixit et ille: Dictaque post toties, nil nisi dicta vides."(Ich sage (es), du sagst (es), aber schließlich sagt es auch jener, und nach so viel Gesagtem siehst du nur (noch) das Gesagte, aber nicht die Realität.

103 ex hypothesi.

104 Siegfried. 게르만의 영웅서사시 『니벨룽의 노래』에 나오는 주인공 그는 부모의 보살핌 없이 자란 고귀한 혈통의 아들로 나타나는데, 용을 물리칠 때 피를 덮어써서 각질 피부를 지닌 불사신의 용사가 되었다.

할 여지는 충분히 있다. 엄밀히 말하면, 그 사안과 법률이 서로 맞지 않는다면, 필요한 경우에는 그것들이 서로 맞는 것으로 간주될 때까지, 그것들을 이리저리 돌려 맞출 수 있다. 그 반대의 경우도 마찬가지이다.

상대방이 무슨 소리인지 모르겠다고 하면 그가 멍청이임을 입증하라

상대방이 제시한 근거에 반박할 방법을 알지 못할 경우 미묘한 아이러니를 담아 자신의 무능력을 선언하라. "지금 당신이 하신 말씀은 저의 부족한 이해력을 넘어서고 있군요. 지당한 말씀인 것 같기는 한데 저로서는 도무지 알아들을 수 없습니다. 그러니 아무런 판단도 내릴 수 없습니다."

이런 식으로 우리에게 평판이 좋은 청중들한테 상대방의 말이 허튼소리라고 넌지시 암시할 수 있다. 그래서 칸트의 『순수이성비판』[105]이 나왔을 때 또는 오히려 그것이 명성을 떨치기 시작할 때 고루하고

---

[105] 『순수이성비판』(Kritik der reinen Vernunft)은 칸트(Immanuel Kant)가 1781년에 초판을 출간하고, 1787년에 제2판을 출간한 책으로, 철학의 역사에서 가장 영향력 있는 저서 중 하나이다. 이 책은 이후에 나온 『실천이성비판』과 『판단력 비판』을 포함해서 칸트의 '첫 번째 비판'으로 언급되기도 한다. 칸트는 이 책에서 형이상학을 학문(science)으로서 정립하려고 하였다. 순수이성이라는 말은 칸트가 만든 용어이며, 형이상학에서 벗어난 철학의 새로운 지평을 연 업적으로 인정되어 많은 연구의 대상이 되고 있다.

절충적인 학파의 많은 교수들은 "무슨 소리인지 하나도 모르겠다"고 말했다. 그리고 그런 식으로 일을 처리했다고 생각했다. 하지만 새로운 학파의 몇몇 신봉자들이 그들이 말한 대로 실제로 칸트 철학을 전혀 이해하지 못했음을 보여주자 그들은 기분이 무척 언짢아졌다.

이런 요령은 우리가 상대방보다 청중들한테서 훨씬 나은 평판을 얻고 있는 것이 확실할 때만 싸야 한다. 예컨대 교수 대 학생의 관계일 경우에 말이다.

엄밀히 말하자면 이것은 바로 앞의 요령 30에 속하는 것으로, 근거 대신 특히 악의적인 방식으로 자신의 권위를 내세우는 것이다. 이에 대한 대응 수단은 다음과 같다. "무슨 말씀인지요, 당신의 뛰어난 통찰력에 비추어볼 때 제 말을 이해하는 것은 쉬운 일일 겁니다. 단지 제가 설명을 잘못한 탓일지도 모릅니다." 이제 그가 싫든 좋든 이 사안을 이해해야 한다고 상대방을 납득시키게 되면, 그가 조금 전에는 그것을 실제로 전혀 이해하지 못했음이 분명해진다.

이런 식으로 상황이 역전된다. 상대방은 우리가 '허튼소리'를 한다고 넌지시 암시하려고 하겠지만, 우리는 그가 멍청이임을 입증해 보였다. 이것도 방금 전에 했던 것과 마찬가지로 극히 정중하고 예의 바르게 해야 한다.

| 상대방의 주장을 혐오스러운
범주에 집어넣어라

우리에게 맞서는 상대방의 주장을 우리는 혐오의 대
상이 되는 범주에 집어넣음으로써 간단한 방식으로 처리하거나, 또는
최소한 미심쩍게 만들 수 있다. 상대방의 주장이 그 범주와 그냥 유
사하다거나 또는 느슨한 관계를 맺고 있더라도 말이다.

예컨대 이렇게 말할 수 있다. "그것은 마니교요.[106]", "그것은 아리우
스교요.[107]", "그것은 펠라기우스주의요.[108]", "그것은 관념론이요.", "그것

---

[106] 3세기경 창시된 페르시아의 종교.

[107] 그리스도의 신성을 부인하는 고대 기독교의 일파.

[108] 펠라기우스는 인간 본성의 선함과 인간의 자유의지를 강조했다. 인간이 약하기 때문에 죄
를 지을 수밖에 없다는 사람들의 주장을 거부한 이들은 하느님은 인간이 선과 악 사이에서 자
유롭게 선택하도록 했다고 주장했고, 따라서 죄란 한 인간이 하느님의 법을 저버리고 자발적으
로 범한 행위라고 했다. 아프리카에 있던 로마령의 도시인 히포의 주교 아우구스티노는 펠라기
우스주의를 반대했는데, 그는 인간이 자신의 노력으로는 의義에 도달할 수 없고 온전히 하느님
의 은총에 의지해야 한다고 주장했다. 416년 아프리카 주교들의 2개 공의회에서 단죄받았고,
418년 카르타고에서 다시 단죄받은 펠라기우스와 켈레스티우스는 418년 결국 파문당했으며, 그
후 펠라기우스의 행적에 대해서는 알려진 것이 없다.

은 스피노자주의요.", "그것은 범신론이요.", "그것은 브라운주의요.[109]", "그것은 자연주의요.", "그것은 무신론이요.", "그것은 합리주의요.", "그것은 유심론이요.", "그것은 신비주의요." 등으로.

이 경우 우리는 두 가지 종류의 사실을 가정하고 있다.

1) 상대방의 주장이 이 범주와 실제로 동일하거나, 또는 적어도 그 속에 포함되어 있다. 따라서 우리는 이렇게 외친다. "아, 우리는 그런 것을 벌써 다 알고 있습니다."

2) 우리는 벌써 완전히 반박된 것이므로, 어떤 참된 말도 담을 수 없다.

---

109 영국의 청교도 로버트 브라운(Robert Browne)이 제창한 주의. 브라운이 시작한 분리주의 회중파 청교도 교회의 교회언약 제도는 성경 말씀과 성령으로 율법의 깊은 의미와 정신을 이루어 가라는 가르침을 알지 못하여 육신으로 율법을 지켜 하나님과의 관계를 잘 만들려고 시도했다.

이론상으로는 옳을지 모르지만, 실제로는 거짓이라고 우겨라

"그것은 이론상으로는 옳을지 모르지만, 실제로는 거짓입니다." 이러한 궤변을 통해 우리는 상대방의 주장의 근거는 인정하면서, 그 결론은 부정한다. 이것은 "근거를 토대로 결론을 이끌어야 한다[110]"는 잘 알려진 논리학 규칙과 모순된다.

이런 주장은 불가능한 것에 기초하고 있다. 논리상으로 옳은 것은 실제로도 옳아야 하기 때문이다. 그것이 옳지 않다면 이론에 어떤 오류가 있든지, 무언가가 간과되어 고려에 넣지 않은 것이다. 따라서 실제로 틀린 것은 이론적으로도 틀린 것이다.

---

110 a ratione ad rationatum valet consequentia.

상대방이 얼버무리며 피하려고
하는 부분을 계속 몰아붙여라

　　상대방이 질문이나 논거에 대해 직접 답변하거나 응수하지 않고, 반대 질문이나 간접적인 답변을 하거나, 또는 심지어 논쟁 중인 사안과 무관한 말로 얼버무리며 다른 쪽으로 방향을 돌리려고 하면, 이것은 우리가 (때로는 이를 알지 못하는 사이에) 그의 아픈 약점을 건드렸다는 확실한 신호이다. 이것은 그의 입장에서는 어쩔 도리 없는 침묵이나 마찬가지다. 그러므로 자극받은 이 부분을 계속 몰아붙여 상대방이 약점으로부터 달아나지 못하도록 해야 한다. 여기서 건드린 약점이 사실 어디 있는지 우리가 아직 알지 못할 때조차도 그렇게 해야 한다.

동기를 통해 지성이 아닌 의지에 영향을 미쳐라

이 요령을 실제로 사용할 수 있는 순간 다른 요령은 모두 필요 없게 된다. 근거를 통해 지성에 영향을 미치는 대신 동기Motiv를 통해 의지Wille[111]에 영향을 미쳐라. 그리고 청중들이 상대방과 같은 이해관계를 갖고 있다면, 청중뿐만 아니라 상대방도 즉시 우리 견해에 동조하게 할 수 있을 것이다. 우리의 견해가 터무니없는 것[112]이라 할지라도 말이다. 왜냐하면 반 온스[113]의 의지가 백 파운드의 통찰이나 확신보다 더 무게가 나가기 때문이다.

---

111 쇼펜하우어 철학에서 말하는 의지는 흔히 말하는 '이성의 힘'이 아니라 '삶에의 맹목적 충동, 본능, 욕망'을 가리킨다. 쇼펜하우어에 따르면 이성은 두뇌 현상일 뿐이고, 의지의 제약을 받으며, 의지의 부산물에 불과하다. 따라서 세계의 본질을 파악하기 위해서는 이성이 아니라 의지를 통해 다가가야 한다. 쇼펜하우어는 인간의 인식 활동을 가능하게 하는 능력, 즉 지성이 제한적인 것이며 의지에 의해 생겨났다고 주장한다.

112 Unsinn(nonsense).

113 1온스는 1/16파운드 해당함.

물론 이런 일은 특수 상황에서만 가능하다. 상대방의 견해가 타당하다 해도, 그것이 그의 이해관계를 현저히 해칠지도 모른다는 것을 그가 느낄 수 있게 만들어라. 그러면 그는 그 견해를 재빨리 놓아버릴 것이다. 마치 뜨거운 쇳덩이를 부주의하게 집었다가 놓아버리듯이 말이다.

예컨대 한 성직자가 어떤 철학적 도그마를 옹호한다고 치자. 그러면 그것이 그의 교회의 기본교리와 간접적으로 모순된다는 것을 알아차리게 하라. 그러면 그는 자신의 도그마를 놓아버릴 것이다.

어느 대농장 소유주가 증기기관이 많은 사람의 몫을 한다면서 영국의 기계제도의 우수성을 주장한다고 치자. 그러면 머지않아 마차도 증기기관에 의해 대체될 것이라고 그에게 이해시켜라. 그런 다음 그가 소유하고 있는 수많은 종마 사육장의 말들도 값이 폭락할 수밖에 없을 것이라고 이해시켜라. 그러면 우리는 그가 무슨 말을 할지 알 수 있을 것이다.

그러한 경우 누구든 "자신에게 부당한 법률을 재가하는 것이 얼마나 경솔한 짓인지[114]!"라고 느낄 것이다. 또한 청중들이 우리와 함께 어느 종파, 길드, 산업체, 클럽 등에 속하지만, 상대방은 그렇지 않을 경우에도 이와 마찬가지이다. 상대방의 논제가 아무리 옳다 하더라도, 그러한 것이 앞서 말한 길드의 공동 이해관계에 반한다는 것을 암시만 주면 된다. 그러면 모든 청중은 상대방의 논거가 아무리 훌륭하다 하더라도 그것을 취약하고 형편없다고 느낄 것이다. 반면 우리의 논거는 아무리 근거 없이 꾸며낸 것이라 할지라도 옳고 적절하다고 느낄

---

114 Quam temere in nosmet legem sancimus iniquam!

것이다. 우리의 견해에 동조하는 합창이 큰 소리로 울릴 것이고, 그러면 상대방은 창피를 느끼고 자기의 입장을 굽힐 것이다.

그렇다, 청중들은 대체로 순수한 확신에서 우리 말에 동조했다고 생각할 것이다. 왜냐하면 우리에게 불리한 것은 대체로 지성에게도 불합리한 것으로 여겨질 것이기 때문이다. "지성은 기름 없이 타는 빛이 아니다. 지성은 의지와 열정이라는 자양분을 먹고 자란다.[115]" 이 방법은 "나무를 뿌리째 움켜잡는" 요령이라고 부를 수 있을 것이다. 일반적으로 이것은 효용에 의한 논증[116]이라고 불린다.

---

[115] Intellectus luminis sicci non est recipit infusionem a voluntate et affectibus. 베이컨 『신기관』.

[116] argumentum ab utili.

무의미한 장광설을 쏟아내
상대방을 당황하게 만들어라

무의미한 장광설을 쏟아내 상대방을 당황하고 어리둥절하게 만들어라. 이 요령은 다음의 글에 근거한다.

"인간이란 보통 무슨 말만 들어도
그것에 뭔가 생각할 만한 구석이 있다고 여기지요."[117]

상대방이 속으로 자신의 약점을 의식하고 있다면, 또 자신이 이해하지 못하는 많은 이야기를 듣고도 마치 알아듣는 척하는 데 익숙해져 있는 사람이라면, 유식하거나 심오하게 들리는 터무니 없는 말을 그에게 진지한 표정으로 떠벌림으로써, 그리고 그러한 것을 우리가 주장하는 논제의 가장 논박의 여지가 없는 증거로 내세움으로써, 그

---

117 괴테의 『파우스트』 1부 2565~2566.

에게서 보고 듣고 생각하는 능력을 빼앗아버릴 수 있다.

최근에 몇몇 철학자들이 독일의 전체 대중을 상대로 이런 요령을 적용해 더없이 눈부신 성공을 거두었다는 것은 잘 알려진 사실이다. 그러나 이는 혐오스러운 사례이기 때문에 우리는 골드스미스[118]의 소설 『웨이크필드의 목사』[119]에서 좀 더 오래된 사례를 가져오려고 한다.

---

[118] 올리버 골드스미스(Oliver Goldsmith, 1730~1774): 수필집 『세계의 시민』(1762), 시 『황폐한 마을』(1770), 소설 『웨이크필드의 목사』(1766), 희곡 『그녀는 정복하기 위해 굽힌다』(1773) 등으로 유명하다. 무명작가였으나, 다른 작가에서는 찾아볼 수 없는 우아하고 생기 넘치며 읽기 쉬운 문장력으로 곧 출판업자들과 독자들의 주목을 받으며 문단의 총아가 되었다. 골드스미스는 1762년 수필집 『세계의 시민』으로 수필가로서 확고한 위치를 차지했다. 1764년 시집 『나그네』로 시인의 진가를 발휘했는데 여기에는 자신의 유럽 여행에 대한 추억과 정치적 의견을 담았다. 성공한 작가로서 돈도 많이 벌었으나 무절제한 생활로 빚이 계속 늘어났고, 1774년 봄 얼마 동안 병을 앓은 뒤 사망했다.

[119] 『웨이크필드의 목사Vikar of Wakefield』(1766)는 전원적인 삶을 살아가는 프림로즈 목사 일가에 불행이 겹치나 결국 행복을 되찾게 된다는 내용이다. 괴테는 『시와 진실』에서 이 소설을 극찬하고 있다. 프림로즈 목사는 가난한 사람들을 도와주고 그들의 아픔을 공감할 줄 아는 사람이다. 어느 날 재산의 상당 부분을 맡겨놨던 상인이 파산한 뒤 도망을 치자 주인공은 빈털터리가 되어버렸다. 그러자 목사는 있는 집마저 청산하고 이사를 해야 했다. 그곳의 쏜힐이라는 악덕 지주가 장황한 말로 목사의 딸 올리비아를 유혹해 그녀의 마음을 빼앗는다. 목사는 딸을 윌리엄스라는 농부 청년과 결혼시키려 하지만, 결혼 당일 쏜힐은 올리비아를 유괴하여 가짜 목사의 집례로 비밀 결혼식을 치르고 사라진다.

목사는 둘째 딸 소피아를 좋아하는 가난한 신사 버첼을 의심하지만, 쏜힐이 범인이란 사실이 드러난다. 그는 쏜힐에게서 도망쳐 주막에 피신했던 딸을 데리고 집으로 돌아오지만, 집은 불타고 있다. 가족들은 조그만 통나무집으로 옮겨 이웃의 도움으로 겨우 연명한다.

그럼에도 프림로즈 목사는 감사와 평온을 잃지 않는다. 그러나 쏜힐이 올리비아를 정식 아내로 허락해달라고 하지만 거부하자 그는 고소당해 감옥에 갇힌다. 프림로즈 목사가 쏜힐의 모략에 넘어가지 않고 옥에서 버티자, 아내는 올리비아가 죽었다고 거짓말한다. 아들 조지도 쏜힐에게 결투를 신청했다가 그의 부하에게 상처를 입혔다는 이유로 옥에 갇힌다. 딸 소피아가 악한들에게 납치당했다는 소식까지 듣게 된다.

프림로즈 목사는 삶의 소망을 발견하지 못하고 고통스러워한다. 그러나 그는 이 세상에 기쁨보다 슬픔이, 행복보다 불행이 더 많아 보이지만, 죽음 앞에서 모든 사람은 평등하며 하나님께서 섭리 가운데 인도하실 것을 믿으라고 설교한다. 설교가 끝나고 둘째 딸 소피아를 좋아했던 버첼 씨가 찾아오면서 모든 것이 역전된다. 버첼 씨는 쏜힐의 삼촌이자 큰 권력을 갖고 있으며, 모든 국민의 벗이자 왕국의 충신이었던 윌리엄 경이었다.

이처럼 목사는 고난을 겪지만, 하나님을 원망하지 않고 자신의 삶을 하나님께 의탁한다. 이제 그는 버첼 씨의 등장으로 모든 오해를 벗고 예전보다 더 화려한 삶으로 복귀한다.

상대방이 자신에게 불리한 증거를 택하면 그 사안이 반박된 것처럼 하라

(이것은 가장 으뜸가는 요령 중의 하나일지도 모른다.)

상대방이 사안에서는 옳은 견해를 갖고 있다 하더라도, 다행히도 자신에게 불리한 증거를 택하는 경우 우리는 이 증거를 쉽게 반박할 수 있게 된다. 그렇게 해서 우리는 그 사안이 반박된 것처럼 내세우면 된다.

기본적으로 이것은 상대에 관한 대인 논증을 사안에 관한 대사안 논증인 것처럼 내세우는 것으로 귀결된다. 이때 상대방이나 주위 사람들에게 마땅한 증거가 떠오르지 않으면 우리가 승리한 것이 된다.

예컨대 어떤 사람이 신의 현존Daseyn을 증명하기 위해 너무나 쉽게 반박할 수 있는 존재론적 증거를 내세우는 경우이다. 이는 실력 없는 변호사들이 자기에게 유리한 소송에서 지는 경우와 같다. 그들은 적절한 조문이 떠오르지 않아 그 사안에 맞지 않는 법률로 그것을 정당화하려고 한다.

상대방을 이길 수 없으면
인신공격을 가하라

상대방이 우월해서, 우리가 논쟁에서 이길 수 없을 것 같으면 거친 언사로 모욕하며 인신공격을 가해라. 인신공격이란 (게임에서 졌으므로) 논쟁의 주제에서 벗어나 다투는 상대, 즉 어떻게든 그 사람 개인을 공격하는 방법이다. 이것은 대인 논증과 구별하여 인신공격 논증[120]이라 부를 수도 있겠다.

대인 논증에서 순수하게 객관적인 주제로부터 벗어나는 것은 상대방이 말했거나 인정한 내용을 가지고 논쟁하기 위해서이다. 그러나 인신공격의 경우에는 주제를 완전히 벗어나 상대방이라는 개인 자체를 공격 목표로 삼는다. 그러므로 상대방의 감정을 상하게 하고, 악의적인 말을 퍼붓고, 모욕하며 거칠게 대하게 된다. 이런 방법은 지적 능력을 떠나 체력, 또는 동물성에 대한 호소이다. 이러한 규칙이 무척

---

120 argumentum ad personam.

인기 있는 것은 누구나 쉽게 쓸 수 있기 때문이다. 그래서 자주 사용된다.

그런데 여기서 문제는 상대방의 대응규칙은 무엇인가 하는 점이다. 그도 같은 규칙을 사용한다면 치고받고 싸우든가, 또는 결투를 벌이든가, 또는 명예훼손 소송으로 번질 것이기 때문이다.

자신은 인신공격을 안 해도 괜찮다고 생각한다면 이는 크게 잘못 생각한 것일지도 모른다. 상대방의 주장이 옳지 않고, 따라서 잘못 판단하고 생각하고 있음을 아주 의연히 보여줘라. 그러면 논쟁에서 승리하는 모든 경우에서 그렇듯이, 모욕적인 거친 언사를 쓰는 것 이상으로 상대방을 격분시키기 때문이다. 왜 그런가? 그 이유는 홉스[121]가 『시민론de Cive』(제1장)에서 말하는 바와 같다. "인간의 모든 정신적 즐거움은 자신의 우월함을 알 수 있게 해주는 비교 대상이 주변에 존재한다는 데에 있다.[122]"

인간에게는 자신의 허영심을 충족시켜주는 것 이상의 것은 없다. 어떤 상처도 허영심이 손상되었을 때 이상으로 고통스럽지 않다. (바로 여기에서 "명예는 목숨보다 소중하다"와 같은 문구가 나온 것이다.) 허영

---

121 토머스 홉스(Thomas Hobbes, 1588~1679)는 '만인의 만인에 대한 투쟁'이란 유명한 말을 하였고, 사회계약론을 주장했다. 홉스는 인간들이 본래의 이기심으로 인하여 항상 서로 다투고 전쟁 상태에 놓이게 된다고 보았다. 이 같은 무정부 상태인 자연 상태를 극복하고 평화를 위해서 사람들은 공동으로 계약을 맺어 국가를 만들었다는 주장이다. 사람들이 자신을 보존하기 위해 각자의 권리를 이 국가에 양도하였고, 이로써 인공적인 사람과 같은 국가는 성서에 나오는 괴물 리바이어던과 같이 강력한 힘을 가지게 되었다는 것이다. 하지만 당대에서는 절대 왕권에 반대하는 사상을 담았다고 그의 주저 『리바이어던Leviathan』(1651)이 금서로 지정되기도 하였다. 즉 국가 권력은 국민이 계약을 통해 통치자에게 양도한 것이라는 홉스의 국가론은 신이 군주에게 왕권을 부여한다는 왕권신수설에 배치되기 때문이다. 홉스는 절대 왕권주의를 지지하면서도 주권재민론의 선구자로 자리매김하고 있다.

122 Omnis animi voluptas omnisque alacritas in eo sita est, quod quis habeat, quibuscum conferens se, possit magnifice sentire de se ipso.

심의 충족은 주로 자신을 남과 비교하는 데서 생긴다. 이것은 모든 면에서 일어나지만, 주로 지적 능력과 관련해서 생긴다.

그런데 바로 이 지적 능력은 논쟁을 할 때 효과적이고도 매우 강력하게 발휘된다. 따라서 논쟁에서 진 사람은 부당한 일을 당한 것이 아닌데도 격분해서 이 마지막 요령에 손을 대는 것이다. 그러니 단순히 정중하게 상대방을 대한다고 해서 이 마지막 수단을 피할 수 있는 것이 아니다. 그렇지만 이 경우 차갑고도 냉정한 태도는 우리에게 도움이 될 수 있다. 상대방이 인신공격으로 나오는 순간 "그것은 논쟁 중인 사안과는 관계가 없습니다."라고 차분히 응수한다. 그러고는 즉각 이 사안으로 되돌리고는, 그의 주장이 틀렸다는 것을 계속 증명한다. 그러면서 그의 모욕적인 언사에 대해서는 신경 쓰지 않는다. 그러므로 마치 테미스토클레스[123]가 에우리비아데스[124]에게 하는 말처럼 한

---

123 테미스토클레스(Themistocles, BC 524~BC 460): 아테네를 해상 강국으로 만든 장군. BC 480년 살라미스 해전에서 승리를 거두어 그리스가 페르시아 제국에 예속되는 것을 막았다. BC 493년에 사법과 민정을 담당하는 아테네의 최고 행정관인 아르콘으로 뽑혔다. 마라톤 전투 이후 대부분의 아테네인들이 이제 위험이 다 지나갔다고 생각했으나 테미스토클레스는 갤리선을 늘리고 해군력을 키웠다. 페르시아군이 공격해 왔을 때, 그는 살라미스섬으로 후퇴하여, 페니키아 선단이 해협의 가장 좁은 부분으로 들어오자 선두를 포위해 궤멸시켰다. 그 결과 페르시아의 황제 크세르크세스는 해협에 대한 주도권을 영원히 잃게 되었다.

124 에우리비아데스(Eurybiades): 제2차 그리스-페르시아 전쟁(BC 480~BC 479)에서 그리스 연합 해군을 이끈 스파르타의 사령관. 에우리비아데스는 살라미스에서 코린토스 지협으로 함대를 옮기고 싶었다. 그러나 살라미스에서 싸우는 이점을 알았던 테미스토클레스는 그곳에서 해전을 치르자고 했다. 테미스토클레스가 자신의 주장을 완강하게 고집하자 화가 난 에우리비아데스는 지휘봉을 쳐들고 내리칠 자세를 취하자 그러나 '테미스토클레스가 자신의 주장을 매우 완강하게 주장하자 그 유창한 언변에 화가 난 에우리비아데스는 지휘봉을 쳐들어 내리칠 자세를 취하며 "이보시오, 테미스토클레스, 경주를 할 때 너무 빨리 출발하는 선수는 매를 맞게 되어 있소."라고 말했다. 그러자 테미스토클레스는 팔을 벌리고 가슴을 내밀며 "치시오, 그렇지만 내 말을 들으시오! 맞는 말씀이지만 뒤처진 선수는 아예 승리할 수 없는 법이오"라고 말했다. 결국 에우리비아데스는 테미스토클레스의 말에 따라 살라미스를 전장으로 받아들여야 했다. 그리스 함대는 자신들이 완전히 포위된 것을 알고 결사적으로 싸워 페르시아군을 격파하고 승리하게 되었다.

다. "나를 치시오, 하지만 내 말 좀 들어보시오."[125] 그러나 누구나 이런 태도를 취할 수 있는 것은 아니다.

따라서 유일하게 확실한 대응규칙은 아리스토텔레스가 『변증론』의 마지막 장에 제시해놓은 규칙이다. "최고 일인자와는 논쟁하지 말고 자신이 아는 사람과만 논쟁을 벌여라. 아는 사람들 중에서 너무 불합리한 것을 내세우지 않고, 이때 창피해할 만큼 충분한 분별력을 지닌 사람과만 논쟁을 벌여라. 그리고 권위자의 명령이 아니라 근거를 가지고 논쟁하고, 근거에 귀 기울이며, 그것에 동의할 만큼 분별력을 지닌 사람과만 논쟁을 벌여라. 그리고 마지막으로 상대방이 한 말이라도 진리를 높이 평가하고, 정당한 근거에 귀 기울일 줄 아는 사람, 또 상대방 쪽에 진리가 있다면 자신의 주장이 틀렸다는 것을 감내할 수 있을 만큼 분별력을 지닌 사람과만 논쟁을 벌여라."

이렇게 보면 논쟁할 가치가 있는 사람은 백 명 중에 채 한 명도 되지 않는다는 결론이 나온다. 그 나머지 사람들은 자기가 하고 싶은 대로 말하게 내버려 둬라. 누구든 바보가 되는 것은 자유기 때문이다. 그리고 "평화가 진리보다 더 가치가 있다"는 볼테르의 말을 유념하라. 그리고 아라비아의 속담에는 이런 것이 있다. "침묵의 나무에는 그것의 열매, 즉 평화가 열린다.[126]"

물론 논쟁은 두뇌들끼리의 충돌로써 자신의 생각을 교정하고 새로운 견해를 창출하기 위해 서로에게 유용한 경우가 많다. 하지만 논쟁

---

125 함대사령관인 스파르타의 장군 에우리비아데스(Eurybiades)가 아테네의 장군 테미스토클레스(Themistokles)와 언쟁을 하다가 그를 때리려고 지팡이를 집어 들었지만, 테미스토클레스는 검을 뽑아들지 않았다고 한다. 오히려 테미스토클레스는 이렇게 말했다고 한다. "나를 치시오, 하지만 내 말을 좀 들어보시오.παταξον μεν, ακουσον δε."

126 Am Baume des Schweigens hängt seine Frucht, der Friede.

당사자의 학식과 지력이 엇비슷해야 한다. 만약 한 사람에게 학식이 부족하면, 그는 모든 것을 다 이해하지 못할 것이므로, 수준이 맞지 않는다. 그에게 지력이 부족하면 그로 인해 격분하게 된 그는 부정직해지고, 술수를 부리고, 급기야는 난폭해지도록 유혹받을 것이다.

　　　　친한 사람들끼리의 사적인 논쟁과 대학 졸업 시나 학위 취득을 위한 구술시험 등에서 벌어지는 엄숙한 공적인 논쟁 사이에는 아무런 본질적 차이도 존재하지 않는다. 다만 가령 후자의 경우에는 응답자가 언제나 상대방에 맞서 자신의 옳음을 입증해야 하고, 또 그런 까닭에 꼭 필요한 경우에는 심사위원장이 그를 지원해준다는 것이 다를 뿐이다. 또 한 가지 덧붙이자면 후자의 경우에는 더욱 격식을 갖춰 논쟁이 진행되고, 그의 논거도 엄격한 추론형식을 갖추어야 한다는 것이 다를 뿐이다.

부 록

---

127 「논리학과 변증술에 대하여Zur Logik und Dialektik」는 쇼펜하우어의 『소품과 부록Parerga und Paralipomena』 제2권에 수록되어 있다.

1. 논리학 길잡이

정의: 개념이 가지고 있는 가장 본질적인 것을 표시한 것.

논리: 타당한 추론을 이끄는 원리와 규칙

논증: 전제와 결론으로 구성된 명제들의 집합으로 추론과정의 언어적 표현. 논리학에서 결론을 지지하는 이유를 밝히는 절차로 일정한 근거를 들어 주장을 펼치는 것을 말한다. 믿음이나 의견은 그 자체로는 논증이 아니다. 전제가 없기 때문이다. 묘사도 논증이 아니며, 설명도 원칙적으로 논증과는 다르다. 잘못된 논증은 논리적 오류라고 한다. 논증해야만 할 판단을 논제라 한다. 논증의 최초 골격은 아리스토텔레스가 그의 저서 『수사학』에서 제공했다. 그는 이성적 호소 수단으로 삼단논법을 소개했다. 논증의 목적에는 크게 세 가지가 있다. 1. 새로운 지식과 정보를 효과적으로 산출한다. 과학적 탐구에서 많이 볼 수 있는 논증이다. 예를 들어, '모든 금속은 열을 가하면 팽창한다.'와 '구리는 금속이다'라는 전제를 통해 '구리는 열을 가하면

팽창한다'라는 결론을 얻는다. 2. 논제에 대한 주체적인 입장 갖기나 이해 증진을 돕는다. 논증을 통해 논제에 대한 자신의 입장을 구체화하는 것이다. 예를 들면, '안락사 논란에 대해, 나는 XXX하고 YYY하므로 안락사는 어쩔 수 없다고 생각해, 고로 안락사에 찬성이야.'와 같은 논증이다. 3. 태도나 행동에 영향을 준다. 예를 들면 '게임은 사람의 성향을 폭력적으로 만든다'라는 전제로 '그러므로 청소년은 게임을 해서는 안 된다'라는 결론을 이끌 수 있다. 이런 경우의 논증은 잘 알려진 예시를 근거로 사용하는 예증법이 많이 쓰인다.

논거: 주장이나 이론을 뒷받침하는 근거.

논점: 논의나 논쟁의 중심이 되는 문제점.

증거: 증거는 물질적인 현실들을 계량하여 인식할 수 있도록 만든 세부사항들이다. 논쟁에서 선봉에 선 주장이 힘을 낼 수 있는 것은 뒤를 받쳐주는 이유와 증거들이 있기 때문이다. 증거의 설득력은 청중이 어떤 종류의 증거를 원하는가에 달렸다. 증거에는 사실, 예, 통계수치, 검증된 개인의 경험, 전문가의 견해, 사진이나 그림 같은 시각적 증거물, 계획안 등이 있다.

반론: 반론은 타인의 의견이나 나의 의견에 대한 반대 의견을 소개하고, 이것의 약점이나 논리적 모순을 지적한 후 타인의 주장이 최선이 아니라는 것을 증명하는 형식이다. 반론에는 두 가지 종류가 있다. 하나는 내 주장이 최선이 아닐지도 모른다는 상대방의 지적에 대한 '방어'이고, 또다른 하나는 상대방의 주장에 대한 약점이나 논리적 모순을 지적하는 '공격'이다.

타당한 논증: 형식적으로 올바른 논증, 곧 추론의 규칙을 따른 논증을 말한다. 타당한 논증에서는 전제가 참일 때 결론도 참이 된다.

타당한 논증에는 '연역 논증'과 '귀납 논증' 두 가지 기본 형태가 있다. '연역 논증'은 '보편적 사실로부터 구체적 사실을 추론해내는 방식'이라고 일컬어진다. 연역 논증의 기초적이면서도 모범적인 사례가 삼단논법이다. 연역 논증의 가장 중요한 특징은 "전제가 참이라면 결론은 필연적으로 참이다"는 것이다. 즉 귀납 논증과 달리 전제가 옳고 추론 방식이 타당한 이상 결론은 거짓일 수 없다. 이를 두고 진리 보존적이라고 말하기도 한다. '귀납 논증'은 개별적인 사실들을 증거로 일반 결론을 끌어내는 형식이다. 다만 귀납법을 통해서는 '새로운' 지식을 확충할 수 있는 반면, 연역 논증을 통해 알 수 있는 것은 이미 전제에 '담겨있던 것'일 뿐이라는 단점이 있다. 귀납 논증은 전제가 일정한 정도의 개연성 또는 합리성만을 결론에 부여할 뿐이라고 주장한다.

건전한 논증: 전제들이 모두 타당하며 동시에 참인 논증을 뜻한다. 형식뿐만 아니라 내용적으로도 올바른 논증으로, 결론은 언제나 참이다.

부당한 논증: 부당한 논증은 타당하지 않은 논증으로서, 전제들이 참일지라도 반드시 결론이 참인 것은 아닌 논증이다. 부당한 논증은 전제들이 참이고 결론이 거짓이라고 해도 모순되지 않는 논증이다.

연역 논증: 결론이 전제에서 논리적으로 도출되는 논증.

귀납 논증: 결론이 전제에서 개연적으로 도출되는 논증.

오류: 논증에서 부당한 추론을 쓰는 것.

논증과 설득: 논증은 본래 상대를 설득하기 위한 수단으로 개발되었다. 따라서 논리학의 역사는 좀 더 설득력이 높은 논증, 또는 좀 더 반박할 허점이 없는 논증을 개발하는 과정이었다. 그 결과 현대논리

학에서는 형식적으로 반박할 허점이 전혀 없는 연역 논증만을 인정하게 되었다. 이것은 아리스토텔레스 이후 논리학이 진리 확장적 논증에서 진리 보존적 논증으로, 반박할 허점이 있는 논증에서 반박할 허점이 없는 논증으로, 설득력이 낮은 논증에서 설득력이 높은 논증으로 발전해갔음을 뜻한다. 동시에 연역 논증이 가장 강력한 설득의 도구라는 뜻이기도 하다.

명제: 어떤 문제에 대한 논리적 판단 내용과 주장을 언어 또는 기호로 표시한 것으로, 참과 거짓을 판단할 수 있는 내용.

추론: 어떤 명제를 근거로 다른 종류의 명제를 이끄는 특수한 종류의 사고(추론은 특정한 추정에서 다른 어떤 것이 필연적으로 도출된다).

전제: 추론의 출발점이자 결론의 근거가 되는 명제.

결론: 추론의 도달점이자 일정한 명제를 전제로 하여 도출한 판단.

전제 지시어: 전제임을 나타내는 전형적인 표현.

예: 왜냐하면, 그 이유는, 그 근거는 등.

결론 지시어: 결론임을 나타내는 전형적인 표현.

예: 그러므로, 따라서, 그 결과 등.

모집단: 통계적인 관찰의 대상이 되는 집단 전체.

표본: 모집단 전체에 적용되는 추정치를 구하기 위해 조사하는 모집단의 일부.

상대방: 논증을 반박하려는 사람.

상정想定: 논증이나 논증 제시자가 당연한 것으로 여기는 명제.

청중: 논증에 귀 기울이는 사람들 또는 그 논쟁이 향하는 사람들.

예증법paradeigma: 자신의 주장을 구체적인 것으로 만들기 위해 실제 일어났던 사건이나 허구적인 사실을 예로 들고, 그것을 통해 유추하고 추리하는 논증법. 잘 알려진 예를 근거로 하여 자신의 주장을 내세우는 논증[128].

유비 논증: 사물이나 사건의 유사성을 근거로 결론을 이끄는 논증. 추론을 하거나 주장을 강화하는 데 자주 이용되는 효과적인 논증[129].

수사학적 논증: 수사학적 논증은 상대방의 태도에 영향을 주는 설득의 측면을 강조한 논증이다. 일반적인 논증이 논증의 타당성을 중요시하는 것과 달리 수사학적 논증은 타당성에다 설득력도 중요하게 여긴다. 즉 예증법이나 다양한 형태의 삼단논법, 유비추리 등은 타당성의 측면에서는 약하지만 설득력이 높기 때문에 수사학적 논증에서 자주 쓰인다. "아리스토텔레스 이전에는 모든 논증이 수사학적 논증이었으나, 아리스토텔레스가 삼단논법을 개발하면서 논증에 '타당성의 검증'이라는 새로운 임무가 주어졌다. 이때부터 논증은 설득을 목적으로 하는 기술인 동시에 논리적 타당성을 따지는 기술이 되었다.

---

128 성서에서 예증법이 설득력 있게 쓰이고 있다. "너희 중에 아들이 빵을 달라는데 돌을 줄 사람이 어디 있으며, 생선을 달라는데 뱀을 줄 사람이 어디 있겠느냐? 너희는 악하면서도 자기 자녀에게 좋은 것을 줄줄 알거든, 하물며 하늘에 계신 너희 아버지께서야 구하는 사람에게 더 좋은 것을 주시지 않겠느냐?"(마태복음 7장 9절~11)
"공중의 새들을 보아라. 그것들은 씨를 뿌리거나 거두거나 곳간에 모아들이지 않아도 하늘에 계신 너희의 아버지께서 먹여주신다. 너희는 새보다 귀하지 않느냐?(마태복음 6장 26절)"
129 "영철이를 비롯한 다른 가족들은 모두 운동을 좋아하고, 성실하고, 모든 일에 긍정적이다. 영철이의 다른 가족들은 또한 예술에 관심이 많다. 따라서 영철이도 예술에 관심이 많을 것이다." 이 논증의 결론을 받아들일 수 있는지, 이 추론이 설득력이 있는지 판단하기는 쉽지 않다. 갑돌이와 다른 가족이 가진 공통점이 처음에 소개된 세 가지가 아니라 열 가지 또는 그 이상이면 그 추론은 설득력을 가질 수도 있다. 유비 논증은 추론을 하거나 주장을 강화하는 데 자주 이용되는 효과적인 논증이다. 그러나 입증의 대상과 그 대상이 속한 집단이 얼마나 많은 공통점을 가졌는지, 또는 그 집단이 얼마나 크거나 작은지에 따라서 유비 논증은 효과적인 입증이 되거나 오류가 될 수 있다.
"뉴턴은 사회성이 부족하였다. 아인슈타인은 말을 늦게 시작했다. 두 사람은 모두 천재이다. 따라서 사회성이 부족하고 말도 늦은 갑돌이는 천재이다." 유비 논증의 특성을 보면 이 논증이 오류임을 쉽게 판단할 수 있다. 이런 오류는 일상에서 쉽게 접할 수 있다.

그러다가 20세기 초 프레게, 러셀 등이 연역법의 형식화에 성공하여 형식 논증이 논리학의 주류로 자리 잡았다. 그 결과 논증의 목적이 타당성 검증으로 굳어져서 수사학적 논증은 논리학에서 제외되었다. 그럼에도 수사학적 논증은 오늘날에도 과학 탐구, 프레젠테이션, 연설, 설교, 토론, 광고 또는 논술 등에 여전히 유용하게 사용된다. 수사학적 논증에는 예증법, 유비 논증, 생략삼단논법[130], 대증식, 연쇄삼단논법, 귀납법, 가추법 등이 있다."[131]

---

130 축약삼단논법이라고도 한다. 생략삼단논법은 일반적으로 삼단논법 세 단계 중 자명한 명제를 생략하고 주장과 결론만으로 이루어진 논리적 사고방식이다. 예1) 소크라테스는 죽는다. 왜냐하면 그는 사람이기 때문이다. 예2) 명희는 꼬집히면 소리를 지른다. 왜냐하면 그녀는 참을성이 없는 사람이기 때문이다. 예3) 4대강 공사는 국민에게 해로운 일이다. 왜냐하면 자연을 훼손하기 때문이다. 예4) 4대강 공사는 우리의 미래를 풍요롭게 하는 일이다. 왜냐하면 국토를 개발하기 때문이다. 위 예시문의 구조를 살펴보면 먼저 주장이나 결론을 소개한다. 그런 다음 이에 대한 이유를 댄다.
131 설득의 논리학, 김용규, 웅진지식하우스, 2010, 76쪽.

2. 논리학과 변증술에 대하여

1

모든 '보편적' 진리와 특수한 진리의 관계는 금과 은의 관계와 같다. 금화를 잔돈으로 바꿀 수 있는 것처럼, 우리가 보편적 진리를 그것으로부터 도출되는 상당한 양의 특수한 진리로 변화시킬 수 있는 한에서 말이다. 예를 들어, 식물의 전체 삶은 탈산화 과정脫酸化過程[132]인 반면 동물의 전체 삶은 산화 과정이라는 것이다. 또는 전류가 흐르는 곳마다 즉각 그것을 직각으로 가로지르는 자기磁氣 전류[133]가 발생한다. 또는 폐로 호흡하지 않는 동물은 목소리를 낼 수 없다.[134] 화석 동

---

132 탈산화과정(Desoxydationsprozeß)은 환원과정을 일컫는 것으로, 환원이란 분자, 원자 또는 이온이 산소를 잃거나 수소 또는 전자를 '얻는' 것을 말한다. 산화(Oxydation)는 분자, 원자 또는 이온이 산소를 얻거나 수소 또는 전자를 '잃는' 것을 말한다.

133 자기 회로를 따라 흐르는 자기의 흐름으로 전기 회로의 전류에 해당한다.

134 nulla animalia vocalia, nisi quae pulmonibus respirant.

물은 모두 멸종된 동물이다.[135] 또는 알을 낳는 동물에는 횡격막이 없다. 이런 사실은 보편적 진리로서, 우리는 거기에서 많은 개별적 진리를 도출할 수 있다. 일어나는 현상들을 설명하는 데 그 개별적 진리를 활용하기 위해, 또는 심지어 그 현상들이 일어나기 전에 그것들을 예상하기 위해서이다. 보편적 진리는 도덕과 심리학 분야에서도 가치가 있다. 사실, 여기에 있는 모든 보편적 규칙, 모든 종류의 문장, 모든 속담도 금처럼 얼마나 귀중한가! 왜냐하면 그것들은 매일 반복되고 예시되며 실제로 보이는 수천 개나 되는 사건들의 정수精髓이기 때문이다.

2

'분석적' 판단은 단순히 분리된 개념일 뿐이다. 반면에 '종합적' 판단은 지성 속에 이미 다른 식으로 존재하는 두 가지를 통한 새로운 개념의 형성이다. 하지만 분석적 판단과 종합적 판단, 이 두 가지의 결합은 그런 다음 어떤 '직관'을 통해 매개되고 근거 지어져야 한다. 이제 이것이 경험적 직관인가 또는 순수한 선험적 직관인가에 따라 이를 통해 생기는 판단도 후험적인 또는 선험적인 종합적 판단이 될 것이다.

모든 '분석적' 판단은 동어반복을 포함하고 있고, 아무런 동어반복이 없는 모든 판단은 종합적이다. 이에 따라 강연에서 분석적 판단은 말을 듣는 사람이 그에게 말하는 사람만큼 주제에 대해 완전히 알지 못하거나 준비된 지식이 없다는 가정에서만 사용되어야 한다. 더구나

---

135 tout animal fossil est un animal perdu.

기하학적 명제의 종합적 성질은 그 명제에 동어반복이 포함되어 있지 않다는 사실로부터 입증될 수 있다. 이것은 산술의 경우에는 그다지 명확하지 않지만, 사실은 그러하다. 왜냐하면 예컨대 우리가 1에서 4까지 그리고 1에서 5까지 셀 때, 그 단위가 1에서 9까지 셀 때만큼 자주 반복된다는 사실은 동어반복이 아니라, 시간의 순수 직관에 의해 매개되며, 이것이 없이는 생각할 수 없는 일이기 때문이다.

3

'하나의' 명제에서는 이미 그 안에 들어있는 것 이상의 것을 얻을 수 없다. 다시 말해 그 명제 자체가 의미의 포괄적인 이해를 위해 말하는 것 이상의 것을 얻을 수 없다는 말이다. 하지만 '두 개'의 명제들로부터는, 만약 그것들이 삼단논법적으로 전제들에 연결되어 있다면, 그것들 각각에서 개별적으로 발견될 수 있는 것보다 더 많은 것을 얻을 수 있다. 화학적 합성물이 그것의 구성 요소에 속하지 않는 특성을 보이듯이 말이다. 추론의 가치는 이것에 근거한다.

4

모든 '논증'은 이미 확정된 어떤 확실한 명제로부터 주장된 명제의 논리적인 추론이다 ― 두 번째 전제로서 다른 전제의 도움으로. 이제 저 주장된 명제는 그 자체로 직접적인, 더 정확히 말하자면 본래적인 확실성을 가져야 한다. 또는 그러한 확실성을 가진 명제로부터 논리적으로 얻어져야 한다. 본래적인 확실성, 어떤 증거에 의해 매개되지 않은 확실성을 지닌 그와 같은 명제들은 모든 학문의 기본 진리를 구성하고 있으며, 직관적으로 파악된 것을 사유된 것, 추상적인 것에 전달함으로써 항시 생겨났다. 그것들은 그러므로 '명백하다'고 불린다. 이 술어는 사실 그 명제들에만 속할 뿐 단순히 증명된 명제들에는 속하지 않는다. 이 명제들은 '전제에 근거한 결론'[136]으로서 단지 논리에 맞다고 불릴 수 있다. 따라서 그것들의 이 진리는 항시 간접적이고 파생적이며 차용된 진리이다. 그럼에도 불구하고 그 명제들은 직접적인 진리의 어떤 명제만큼이나 확실하다. 말하자면 비록 삽입문을 통해 추론되었다 하더라도, 그것들이 그러한 명제로부터 올바로 추론되었다면 말이다. 심지어 이런 전제 하에서 그것들의 진리는 단지 직접적이고 직관적으로 인식될 수 있는 진리에 관한 공리Ursatz의 진리보다 때로는 좀 더 쉽게 입증될 수 있고, 모두에게 분명하게 인식된다. 거기에는 그러한 공리를 인식하기 위한 때로는 객관적인, 때로는 주관적인 조건들이 결여되어 있기 때문이다. 이러한 관계는 자신에 전달된 자성을 지님으로써 생겨난 강철 자석이 원래의 자철광만큼 강한 인력引力을 지닐 뿐만 아니라 때로는 보다 강한 인력을 지니는 경우와 유사하다.

다시 말해 직접적으로 참인 명제들을 인식하기 위한 주관적인 조건들은 판단력이라고 불리는 것을 구성한다. 그런데 이 판단력은 우월한 두뇌를 지닌 자의 장점에 속한다. 반면에 건전한 정신을 가진 자는 주어진 전제로부터 올바른 결론을 이끄는 능력을 지니고 있다. 왜냐하면 직접적으로 참인 명제의 확인을 위해서는 직관적으로 인식된 것을 추상적인 인식으로 전달하는 것이 필요하기 때문이다. 하지만 이 작업을 수행할 수 있는 능력은 평범한 두뇌의 소유자들에게는 극

---

136 conclusiones ex praemissis.

도로 제한되어 있고, 예컨대 유클리드의 공리나, 또는 아주 단순하고, 그들에게 명백하게 제시된 사실과 같은 쉽게 조망할 수 있는 상태로만 확장된다. 이를 넘어서는 것은 증거의 길 위에서만 그들의 확신에 도달할 수 있다. 그 증거는 논리학에서 모순과 동일성의 명제를 통해 표현되는 것, 그리고 모든 단계마다 증거들에서 되풀이되는 것 말고는 다른 직접적인 인식을 요구하지 않는다. 따라서 그러한 길에서 모든 것이 그들이 직접 파악할 수 있는 극히 단순한 진리로 축소되어야 한다. 이 경우 보편적인 것에서 특수한 것으로 나아가면 연역법이 되고, 반대 방향으로 가면 귀납법이 된다.

반면에 판단 능력이 있는 두뇌의 소유자들, 더욱이 발명가와 발견자는 직관적으로 인식된 것에서 사유된 것이나 추상적인 것으로 넘어갈 수 있는 능력을 훨씬 높게 소유한다. 그래서 그러한 능력은 매우 복잡한 관계를 통찰하는 능력으로 확장된다. 이런 식으로 직접적인 진리에 관한 명제 분야는 이들에게는 비교할 수 없을 정도로 보다 광범위하며, 다른 사람들이 미미하고 단순히 간접적인 확신 이상을 얻을 수 없는 것으로부터도 많은 것을 파악한다. 후자는 엄밀히 말하자면 새로 발견된 진리의 증거를 그 후에도 찾으며, 이미 인정되었거나 보통 의문의 여지가 없는 진리에 대한 언급을 소급해서 찾아본다. 하지만 이러한 것을 실행할 수 없는 경우가 있다. 예를 들어, 나는 여섯 개의 원색原色을 표현하게 해준 여섯 개의 분수分數[137]를 위한 어떠한

---

[137] 뉴턴의 색채론을 반박한 쇼펜하우어는 색채의 본질과 상호 간의 차이를 분수를 통해서만 획득할 수 있다고 주장한다. 그는 눈에 작용하는 흰색에 대한 다른 색들의 관계를 분수로 표현했는데, 흰색을 1이라고 한다면 노란색은 3/4, 주황색은 1/3, 빨간색은 1/1, 녹색은 1/2, 파랑색은 1/3, 보라색은 1/4, 검은색은 0임을 밝혀냈다고 말한다.

증거도 발견할 수 없다. 그러한 분수들은 색상들 각각의 본래적 특성에 대한 통찰을 제공함으로써 처음으로 색채를 우리의 지성에 실제로 설명해주지만 말이다. 그럼에도 색채들에 대한 직접적인 확신은 너무나 커서 어떤 판단 능력이 있는 자가 그 색채들을 진지하게 의심하기는 어려울 것이다. 그 때문에 빈의 로자스Rosas 교수는 자신의 통찰의 결과로서 그 색채를 내놓는다고 했다. 이에 대해서는 나의 저서 『자연에서의 의지』를 참조하길 바란다.[138]

5

논쟁Kontroverse, 이론적 주제에 대한 논쟁Disputieren은 거기에 참여한 두 당사자에게 의심의 여지 없이 매우 유익하다. 논쟁은 그들이 가지고 있는 생각을 수정하거나 확인하여, 또한 새로운 생각을 갖도록 자극하기도 한다. 그것은 종종 불꽃을 일으키는 두 정신의 갈등 또는 충돌이다. 하지만 보다 약한 사람이 고통을 겪어야 하는 반면에 보다 강한 사람은 일이 잘 풀려서 단지 승리의 소리를 내보낼 뿐이라는 점에서, 그것은 또한 신체의 충돌과 유사하다. 이와 관련하여, 두 논쟁 당사자가 최소한 지식뿐만 아니라 지성Geist과 지적 민첩성Gewandtheit 면에서 서로 어느 정도 필적할 만한 상대가 되어야 하는 것이 필요하다. 어느 한쪽의 지식이 부족하면 그는 수준에 도달해 있지 못하므로 상대방의 논거를 받아들이지 못한다. 그는 결투장에서 싸울 때 흡사

---

138 쇼펜하우어, 자연에서의 의지에 관하여, 김미영 옮김, 아카넷, 57쪽. "빈 대학의 안톤 로자스 (Anton Rosas) 교수는 자신의 『안과학 개론』 제1권에서 1816년에 출판된 내 논문 「시각과 색채에 대하여」의 14~16쪽을 그대로 베껴서 자신의 책 507 전체를 썼다. 그것에서 나의 것을 언급하거나, 다른 어떤 것을 통해 그가 아닌 다른 이가 여기서 말한다는 것을 밝히지 않은 채 말이다."

링 밖에 서 있는 사람과 같다. 하지만 그에게 지성이 부족하면 곧장 마음 속에서 일어난 분노가 논쟁에서 온갖 종류의 부정직한 기술, 술수, 속임수를 이용하도록 할 것이다. 그리고 이런 사실을 지적하면 그는 무례하게 나올 것이다. 따라서 동등한 수준의 사람들만 시합을 벌이도록 허락받았듯이, 무엇보다도 학자는 배움이 없는 자들과는 논쟁을 벌여서는 안 된다. 그는 논거를 이해하고 숙고할 지식이 부족한 그들에 맞서 최상의 논거를 사용할 수 없기 때문이다. 하지만 이러한 난감한 상황에서 그가 이 논거들을 그들에게 이해시키려고 한다면, 이 일은 대체로 실패할 것이다. 사실 나쁘고 조잡한 반론을 통해 그들은 그들처럼 무지한 청중들이 보기에 결국 논쟁에서 이긴 것처럼 보일 것이다. 괴테는 『서동시집』西東詩集[139]에서 이렇게 말한다.

"언제라도 그대 자신이
논쟁에 잘못 빠져들지 않도록 하라.
무지한 자들과 논쟁할 때
현자들이 무지에 걸려드는 법이거늘."

하지만 논쟁 상대방에게 지성과 이해력이 부족한 경우에는 상황이

---

139 『서동시집West-östlicher Divan』은 괴테가 1814~1819년 집필하여 1819년에 196편이, 1827년에 239편이 증보되어 나온 시집 이름. 시집은 하이템과 줄라이카와의 사랑의 노래로 읊어졌으며 주로 주고받는 연가 형식으로 되어 있다. 괴테가 14세기경 이란의 시인 하피즈의 『디반Divan』에 나타난 시를 읽고 동방의 신비스러운 자연과 건강한 관능의 희열에 자극받아 쓰기 시작했다. 1814년에 고향인 프랑크푸르트 암 마인에 갔을 때, 그의 친지인 은행가 빌레머의 약혼녀인 마리아네를 알게 되어 그녀에 대한 노시인의 정열이 불타올랐고, 그녀 역시 마음속으로는 시인의 사랑에 응답하였는데, 그것이 바로 하이템과 줄라이카와의 사랑으로 표현되었다고 볼수 있다.

더욱 열악하다. 그가 이러한 결함을 메우기 위해 가르침을 받아 진리를 얻으려는 성실한 노력을 한다면 또 몰라도. 그렇지 않으면 그는 이내 가장 민감한 부위에 상처를 받았다고 느끼기 때문이다. 그러므로 그와 논쟁을 벌이는 사람은 그가 더 이상 자신의 지성이 아니라 인간의 과격한 면, 그의 의지와 관계하고 있음을 즉각 알아채게 될 것이다. 그 의지에 유일하게 중요한 문제는 정당한 수단을 쓰든 그렇지 않든 무슨 수를 써서라도 논쟁에서 이기는 것이다.

따라서 그의 지성은 이제 오로지 온갖 종류의 술수, 속임수, 불공평을 향한다. 그가 나중에 이것들로부터 쫓겨나면 그는 마침내 무례에 의지하여 자신이 느끼는 열등감을 어떤 식으로든 보상받으려 할 것이다. 그리고 정신의 싸움을 신체의 싸움으로 변화시키려는 논쟁 상대들의 신분과 형편에 따라, 그는 자신을 위해 신체에서 더 나은 기회를 활용해야 한다. 따라서 지성이 제한된 사람들과 논쟁해서는 안 된다는 것이 두 번째 규칙이다. 우리는 함께 논쟁을 벌일 만한 사람들이 많이 남아 있지 않다는 사실을 이미 간파하고 있다. 실은 예외적인 사람들과만 우리는 그런 일을 할 수 있다. 반면에 보통 사람들은 우리가 그들의 견해와 다를 때 언짢게 생각하는 경향이 있다. 하지만 이때 그들이 자신들의 견해를 수정해야 우리는 그것을 받아들일 수 있을 것이다. 이제 그들과 논쟁을 벌일 때, 그들이 어리석은 자들의 마지막 도피처[140]에 의지하지 않는다 하더라도 우리는 대체로 언짢은 일만을 체험할 것이다. 우리는 여기서 그들의 지적 무능력뿐 아니라 이내 그들의 도덕적인 사악함과도 관계해야 할 것이기 때문이다. 이러

---

140 ultima ratio stultorum(letzte Zuflucht der Dummen, the last resource of the stupid).

한 사악함은 그들이 논쟁할 때 부정직한 방법을 빈번하게 사용함으로써 드러날 것이다. 오로지 논쟁에서 이기기 위해 그들이 사용하는 술수, 속임수, 책략은 너무 많고 다양하다. 토론의 주제뿐만 아니라 논쟁에 가담하는 사람들이 아무리 상이하다 해도 똑같은 동일한 술수와 속임수가 항상 되풀이되었고, 나는 쉽게 그런 것을 알아챌 수 있다는 사실을 인식했다. 그런 후에 그들이 걸핏하면 이런 방법들을 씀으로써 그것들은 몇 년 전에 성찰을 위한 나 자신의 소재가 되었고, 나는 순전히 그것들의 형식적인 요소에 주의를 기울였다.

그리하여 나는 당시에 앞서 말한 술수와 속임수에 대하여 순전히 형식적인 부분만을 소재로부터 순수하게 분리하여, 그것을 말하자면 깔끔한 해부학 표본으로서 내보일 생각을 했다. 따라서 나는 논쟁할 때 너무나 자주 발생하는 온갖 부정직한 요령들을 수집하여, 그것들 각각의 독특한 본질에 따라 사례를 들어 상론하고, 그 자신의 고유한 명칭을 부여하여 분명하게 설명했다. 마지막으로 이러한 공격에 대한 방어 동작으로서 그것들에 대한 대응 수단들도 덧붙였다. 그리하여 공식적인 '논쟁적 변증술'이 생겨났다. 이제 이 글에서는 앞서 언급한 요령이나 전략Strategem이 논쟁적-변증술적 형태로 자리매김했다. 그것들이 논리학에서는 삼단논법식의 형태로, 수사학에서는 수사학적 형태로 채워진다. 어느 정도는 사람들은 공통적으로 논리학과 수사학이라는 두 가지 특성을 타고 난다. 실천이 이론에 선행하므로 그 방법들을 실행하기 위해 우리는 그것들을 먼저 배울 필요는 없다. 따라서 그 방법들의 순전히 공식적인 진술은 논리학, 변증술, 수사학으로 이루어진 것으로서, 내 주저 『의지와 표상으로서의 세계』 제2권의 9장에 서술된 '이성의 기법'의 보충이 될지도 모른다. 내가 아는 한 이전에는 이런 식의 시도가 존재하지 않는다. 그럴 때는 어떤 사전적 작업도 이용할 수 없었다. 단지 아리스토텔레스의 『변증론』를 가끔 이용할 수 있었고, 내 개인적인 목적을 위해 그 규칙 몇 개를 활용해 주장을 내세우고 논리를 허물 수 있었을 뿐이다. 하지만 디오게네스 라에르티스가 언급한 테오프라스토스의 저서 『궤변에 대한 이론의 논쟁서』[141]가 이 목적에 매우 적합했음에 틀림없다. 그의 수사학 저서는 모두 사라져버렸다. 플라톤도 『국가』에서 반박술에 손대고 있는데, 거기서 그는 대화술로 대화법을 가르쳤듯이 논쟁법을 가르쳤다. 근대의 저서로는 고인이 된 할레 대학의 프리데만 슈나이더 교수의 책 『논리학 논고』[142](할레, 1718)가 나의 목적에 가장 부합한다. 다시 말해 그는 그 논문의 실수를 다룬 장章에서 논쟁술의 여러 가지 부정직한 예를 폭로하고 있다. 하지만 그는 항시 정식 학문적 논쟁만을 염두에 두고 있다. 또한 그 주제를 다루는 그의 논문은, 그러한 학술적 제조품이 으레 그렇듯이 대체로 건조하고 빈약하다. 게다가 라틴어도 극히 조잡하다. 1년 후에 생겨난 요아힘 랑에의 『논쟁법』[143]이 훨씬 낫긴 하지만, 그것은 내 '목적'에 적합한 것을 전혀 담고 있지 않다.

그렇지만 지금 이전에 쓴 글의 수정 작업을 하면서, 나는 비열한 인간 본성이 그 부족함을 은폐하기 위해 이용하는 그러한 부정한 수단

---

141 Kampfbüchlein der Theorie über die Trugschlüsse.
142 『논쟁 시의 방법과 의무뿐 아니라 논쟁 당사자들의 실수들을 설명한 특수한 논리학 논문Tractatus logicus singularis in quo processus disputandi, seu officia, aeque ac VITIA DISPUTANTIUM exhibentur』
143 Methodus Disputandi.

과 술수의 면밀하고 상세한 고찰이 더 이상 나의 기질에 맞지 않음을 발견하고, 그러한 고찰을 그만두기로 한다. 그러는 사이 앞으로 자칫 그와 같은 종류의 일을 시도할 생각이 들지도 모르는 사람들에게 그 사안을 다루는 나의 방식을 보다 자세히 설명하기 위해, 몇 가지의 전략Strategem을 표본으로서 여기에 소개하고자 한다. 하지만 그러기 전에 앞에서 말한 완성본을 가지고 '모든 논쟁에 본질적인 것의 개요'[144]를 전달하고자 한다. 이 개요는 추상적인 뼈대, 말하자면 논쟁 일반의 골격을 제공하므로, 논쟁의 골학骨學으로 간주될 수 있어서이다. 그리고 논쟁의 일목요연성과 명료성 때문에 여기에 그 개요를 기록해둘 가치가 있으리라 생각된다. 그 내용은 다음과 같다.

모든 논쟁에서(대학 강의실이나 법정과 같은 공적인 논쟁이나 또는 통상적인 대화에서 벌어지는 말다툼에서) 그 본질적인 과정은 다음과 같이 진행된다.

어떤 '논제'가 제시되고 반박되어야 한다. 이제 이러한 목적을 위해 두 가지 '수단Mode'과 '방법Weg'이 있다.

1. 그 방식들은 다음과 같다. 1) 사안을 논거로 삼는 대사안對事案 논증[145] 2) 사람을 논거로 삼는 대인對人 논증[146], 또는 상대방의 용인을 논거로 삼는 논증[147]이 있다. 다만 첫 번째의 대사안 논증만을 통해 우리는 그 논제가 논란이 되는 사안의 속성과 일치하지 않음을

---

144 Umriß des Wesentlichen jeder Disputation.
145 대사안 논증(ad rem, in Beziehung auf die Sache).
146 대인 논증(ad hominem, in Beziehung auf die Person).
147 ex concessis, auf Grund der Einräumungen.

밝힘으로써 그것의 절대적 또는 객관적 진리를 전복시킨다. 반면에 다른 논증을 통해서는 그 논제가 다른 주장이나 그 논제를 옹호하는 사람의 시인과 모순됨을 증명함으로써, 또는 우리가 상대방의 논거가 지지될 수 없음을 증명함으로써 단지 상대적인 진리를 전복시킬 뿐이다. 그럼으로써 사안 자체의 객관적 진리는 사실 미결정 상태로 남는다. 예컨대 철학이나 자연과학과 관련되는 논쟁에서 상대방(이때 그가 영국인일 경우)이 성서의 논거를 개진하는 것을 허락한다면 우리는 바로 그 논거를 가지고 그를 반박하게 될지도 모른다. 그것이 사안을 해결하지 못하는 단순한 대인 논증에 불과하더라도 말이다. 이는 우리가 누군가에게서 받은 바로 그 지폐로 돈을 치를 때와 마찬가지이다. 많은 경우에서 이러한 진행 방식[148]은 피고가 그의 입장에서 그릇된 영수증으로 처리한 그릇된 차용증을 원고가 법정에 제출하는 것에 비교할 수 있다. 하지만 그럼에도 채무 관계가 일어났을지도 모른다. 그러나 바로 후자의 경우에서처럼 단순한 대인 논증은 종종 간결함의 장점을 지니기도 한다. 다른 경우에서 그렇듯이 사안의 참되고 철저한 설명은 극히 복잡하고 어려운 경우가 매우 허다할 것이기 때문이다.

2. 게다가 우리가 추구하는 두 가지 '방법'에는 '직접적 방법'과 '간접적 방법'이 있다. 전자는 상대방 논제의 '근거'를 공격하고, 후자는 그 '결과'를 공격한다. 전자는 그 논제가 참이 아님을 보여주고, 후자는 그것이 참일 수 없음을 보여준다. 우리는 이 방법을 보다 자세히

---

148 modus procedendi.

고찰하고자 한다.

1) 직접적 방법으로 반박하면서, 그러므로 논제의 근거들을 공격하면서, 우리는 상대방이 내세우는 주장의 대전제nego majorem, Obersatz와 소전제nego minorem, Untersatz[149]를 논박함으로써, 이 근거들 자체가 참이 아니라는 것을 보여준다. 두 가지 경우를 통해 우리는 논제를 근거 짓는 결론의 '질료Materie'를 공격한다. 또는 우리는 이 근거들은 인정하되, 논제가 그것들로부터 도출되지 않는다는 것을 보여준다. 따라서 우리는 결론 문장을 공박한다nego consequentiam고 말한다. 그럼으로써 우리는 추론 '형식'을 공격하는 것이다.

2) '간접적인' 방법으로 반박하면서, 그러므로 논제의 '결과들'을 공격하면서, '결과의 허위로부터 근거의 허위가 밝혀진다'[150]는 법칙에 의해 이 결과들의 허위로부터 논제 자체의 허위를 추론하기 위해, 우리는 단순 반증Instanz이나 또는 간접 반증Apagoge을 이용할 수 있다.

① '반증'은 단순한 반대증거[151]이다. 이는 그것의 주장에 의해 이해되는, 그러므로 그것으로부터 도출되는 사물이나 상황을 지적함으로써 논제를 반박한다. 그 논제가 그 주장에 들어맞지 않는 것이 맹백하므로, 그것은 참일 수 없다.

---

149 크리스티안 볼프(Christian Wolff), 「논리학」, § 1108.

150 a falsitate rationati ad falsitatem rationis valet consequential.

151 exemplum in contrarium(Gegenbeispiel)

② '간접 반증'은 우리가 논제를 일단 참으로 받아들임으로써 실현된다. 하지만 이제 우리는 참으로 인정되고 논란의 여지가 없는 어떤 다른 명제를 그 논제와 연관시켜 그 결론이 거짓이 분명한 어떤 추론의 전제가 되게 한다. 이때 그 결론이 거짓이 되는 것은 그것이 사물 일반의 본성, 또는 논란이 되는 사안의 확실히 인정된 속성 또는 그 논제의 옹호자의 어떤 다른 주장에 모순되기 때문이다. 따라서 간접 반증은 그 방식에 따라 단순히 대인 논증일 뿐만 아니라 대사안 논증일 수 있다. 하지만 그 결론이 절대적으로 의심의 여지가 없고, 심지어 선험적으로 확실한 진리와 모순된다면, 우리는 상대방의 불합리함을 논증ad absurdum할 수 있을 것이다. 어쨌든 덧붙여진 다른 전제는 논란의 여지가 없는 진리이므로 결론의 허위는 그의 논제로부터 기인하는 것이 틀림없다. 그러므로 이 논제는 참일 수 없다.

논쟁에서 모든 공격 방법은 여기서 공식적으로 서술된 처리방식에 환원될 것이다. 따라서 변증술에서 이러한 처리방식은 검술에서 티어스[152]나 카르트[153] 등과 같은 정식 찌르기에 해당한다. 반면에 내가 수집해 모은 요령이나 전략은 어쩌면 검술의 거짓 동작에 비교할 수 있을 것이다. 그리고 마지막으로 논쟁에서 개인적인 감정 폭발은 대학 검술 사범의 소위 말하는 마구잡이식 반칙 공격에 비교될 수 있을지도 모른다. 내가 수집한 전략들의 견본과 사례로는 다음과 같은 것들이 있다.

---

152 검술에서 오른쪽 관자놀이와 왼쪽 허리를 잇는 부분을 찌르는 자세.
153 검술에서 오른쪽에서 적의 왼쪽을 내려치는 자세.

일곱 번째 전략: '확대하기'

상대방의 주장이 자연스러운 한계를 넘어설 것이다. 그러므로 그가 의도하거나 심지어 표현한 것보다 넓은 의미에서 받아들여 그의 주장을 그런 의미에서 편안하게 반박한다.

사례

A가 영국인은 연극에서 다른 모든 민족을 능가한다고 주장한다. B는 음악에서, 따라서 오페라에서도 영국인들의 성취가 보잘것없다는 그럴듯한 반증을 한다.

이런 연유로 이 같은 거짓 동작에 대한 다음과 같은 방어 동작이 뒤따른다. 반박이 행해지면 우리는 우리가 공언한 주장을 즉각 사용된 표현들에 엄격히 한정하거나, 또는 당연히 받아들여질 수 있는 그것들의 의미로 축소해야 한다. 그리고 일반적으로 그 표현들을 되도록 좁은 한계 내로 축소해야 한다. 왜냐하면 어떤 주장이 일반적인 것이 될수록 더욱 여러 공격에 노출되기 쉽기 때문이다.

여덟 번째 전략: 억지 결론을 이끄는 '그릇된 삼단논법'을 적용하라.[154]

상대방이 내세운 어떤 명제에 심지어 암묵적으로 주제나 술어 면에서 그의 명제와 유사한 두 번째 명제를 종종 덧붙인다. 이 두 개의 명제로부터 이제 우리는 참이 아닌, 대체로 악의적인 결론을 이끌어 상대방에게 잘못을 뒤집어씌운다.

---

154 Konsequenzmacherei.

사례

A는 찰스 10세를 추방한 프랑스인들을 칭찬한다.

B는 즉시 반박한다. "그러므로 당신은 우리가 우리 왕을 추방하기를 바란다는 거군요."

이로써 암묵적으로 대전제로 추가된 명제는 이러하다.

"자기 나라의 왕을 추방하는 모든 사람은 칭찬받아야 한다."

이것은 또한 제한된 의미에서 주장된 것을 무제한적인 의미로 받아들이는 요령[155]으로 환원될 수 있다.

아홉 번째 전략: 화제를 다른 데로 돌려라[156]

논쟁이 벌어지는 과정에서 일이 불리하게 돌아가 우리가 질 것 같으면 제때에 논점의 전환[157]을 시도해 이런 불운을 미연에 방지해야 한다. 그러므로 토론의 주제를 별로 중요하지 않은 다른 데로 돌려야 한다. 부득이 한 경우에는 심지어 그런 부수적인 문제로 단번에 옮아가야 한다. 우리는 이제 이 부수적인 문제를 몰래 밀어 넣고 원래의 주제를 논쟁의 테마로 삼는 대신에 그것을 공박하면 된다. 그리하여 상대방은 예상되는 승리를 눈앞에 두고 이쪽으로 관심을 돌릴 수밖에 없게 된다. 하지만 불행히도 여기서도 곧 강력한 반론에 부닥친다면 다시 잽싸게 같은 방법을 써서 또 한 번 다른 논제로 넘어간다. 그리고 상대방이 가령 인내심을 잃지 않는다면 이런 방법을 15분 내에

---

155 fallacia a dicto secundum quid ad dictum simpliciter. The trick of taking in an unlimited sense what was asserted in a limited.

156 본문에서 요령 18, 29와 관계되는 전략임.

157 mutatio controversiae.

열 번 되풀이할 수 있다. 우리는 이러한 방향 전환을 매우 교묘하게 실행할 것이다. 즉 논쟁을 눈에 띄지 않게 서서히 논란 중인 주제와 관련된, 가능하다면 다른 점에서만 실제로 상대방 자신과 관련된 어떤 주제로 넘어감으로써 말이다.

우리가 단순히 논제의 주제는 고수하면서, 논란이 되는 것과는 전혀 상관이 없는 다른 문제를 화제에 올린다면 이는 물론 덜 미묘한 문제이다. 예컨대 중국인들의 불교에 관한 이야기를 하다가 그들의 차茶 거래로 넘어가는 것처럼 말이다. 하지만 이런 방법도 실행할 수 없다면 상대방이 우연히 사용한 어떤 표현을 낚아채서 그것을 전혀 새로운 논점에 연결하고, 그럼으로써 이전의 논점으로부터 벗어나면 된다. 예컨대 상대방이 이런 표현을 했다고 치자. '여기에 바로 사안의 신비한 점이 있어요.' 그러면 그의 말에 잽싸게 끼어든다. '네, 당신이 신비와 신비주의에 관해 말한다면, 나는 당신의 남자가 아닙니다. 왜냐하면 이와 관련해서 말하자면' 등으로 말한다. 그러면 이제 전적인 승리를 거두게 된다. 하지만 이러한 기회가 주어지지 않는다면 보다 뻔뻔스럽게 나가서, 느닷없이 다음과 같은 전혀 다른 사안으로 넘어가야 한다. '네, 당신은 최근에 이런 주장을 하셨지요.' 등으로. 일반적으로 화제의 전환은 부정직한 논쟁자들이 대체로 본능적으로 이용하는 모든 술수들 중에서 가장 인기 있고 가장 많이 사용되는 술수이다. 그리고 그들이 난관에 봉착하자마자 거의 불가피하게 선택하는 수단이기도 하다.

그러므로 나는 40여 개의 그와 같은 전략을 수집하여 만들어놓았다. 하지만 나는 지금 완고함, 허영심, 그리고 부정직과 밀접하게 결부되어 있는 협량함과 무능력이라는 이 모든 은신처에 빛을 비추고 싶은 마음은 없다. 그러니 나는 이 견본 정도로 만족하고, 사람들과의 흔한 말다툼을 피하기 위해 앞에서 언급한 근거들을 더욱 진지하게 참조하도록 충고하고자 한다. 아무튼 우리는 논거를 통해 다른 사람의 이해력을 도와주려고 할지도 모른다. 하지만 그의 답변에서 어떤 완고함을 알아채자마자 우리는 즉시 그만두어야 한다. 왜냐하면 그는 또한 곧장 부정직해질 것이며, 이론에서 궤변인 것이 실천에선 속임수이기 때문이다. 하지만 여기에 소개된 전략들은 훨씬 무가치하다. 왜냐하면 그 전략들 속에서는 의지가 지성의 가면을 쓰고 지성의 역할을 하려고 하기 때문이다. 그 결과는 언제나 혐오스러운 모습으로 나타난다. 어떤 사람이 일부러 오해한다는 것을 우리가 알아차릴 때처럼 우리를 분개하게 하는 것은 별로 없기 때문이다. 상대방의 건전한 근거를 인정하지 않는 자는 직접적으로 약한 지성을 증거하거나 또는 자신의 의지의 지배를 받아 억압된, 즉 간접적으로 약한 지성을 증거한다. 그러므로 우리는 임무와 의무가 요구할 때만 그러한 자를 찾아다녀야 한다.

하지만 이 모든 사실에도 불구하고 앞에서 언급한 술수와 책략을 정당화하기 위해, 나는 상대방의 적절한 논거에 우리 역시 우리의 견해를 너무 성급하게 포기할 수 있음을 고백하지 않을 수 없다. 다시 말해 우리는 그러한 논거에서 그 사람의 힘을 느낀다. 하지만 반대 근거를, 또는 다른 식으로 우리의 주장 자체를 존속하게 하고 구할 수 있는 것 역시 우리한테 쉽사리 떠오르지 않는다. 하지만 그러한 경우 우리가 패배한 것으로 보고 우리의 논제를 즉각 포기한다면 바로 그 때문에 우리가 진리에 불성실해지는 일이 발생할 수 있다. 그럼에도 불구하고 나중에 가서 우리의 견해가 결국 옳았음이 밝혀질지도 모르기 때문이다. 그렇지만 약점과 우리의 사안에 대한 신뢰 부족 때문에 우리는 그 순간의 인상에 굴복한 셈이 될 것이다.

심지어 우리가 우리의 논제를 위해 내세운 증거조차도 실제로는 틀렸을 수 있고, 하지만 이 논제를 위한 또다른 옳은 증거가 있을 수 있다. 이와 같은 느낌 때문에 솔직하고 진리를 사랑하는 사람들조차 쉽사리 훌륭한 논거에 금방 굴복하지 않고, 오히려 잠시 저항을 시도하는 일이 일어난다. 실은 대부분의 경우, 그들은 반대 논거가 그 명제의 진리를 미심쩍게 만들었을 때도 한동안 그들의 명제를 고수하기도 한다. 이런 점에서 그들은 자신이 지킬 수 없다는 것을 알면서도 지원군이 도착하기를 바라며 진지를 한동안 고수하려고 하는 군사령관과 같다. 다시 말해 그들이 당분간 형편없는 근거로 자신을 방어하는 동안, 그 사이에 그들에게 훌륭한 근거가 떠오르기를 또는 상대방의 논거의 단순한 그럴듯함이 그들에게 분명해지기를 희망한다.

그러므로 우리는 이런 이유로 우리는 논쟁에서 약간 부정직해질 필요가 있다. 왜냐하면 우리는 그 순간에는 진리를 위해서라기보다는 우리의 명제를 위해 싸워야 하기 때문이다. 이는 어느 정도는 진리의 불확실성과 인간 지성의 불완전성의 결과이다. 하지만 이제 곧장 우리가 이 방향으로 도를 넘게 되어, 너무 오랫동안 그릇된 확신을 위해 싸울지도 모르는, 그리고 결국에는 완고해지는 위험이 생긴다. 정당한 수단을 쓰든 정당치 못한 수단을 쓰든 상관없이 인간 본성의 사악함에 굴복할 위험, 그러므로 전력을 다해[158] 자신의 명제를 고집하면서 부정직한 전략의 도움으로 그 명제를 옹호할 위험이 있다. 나중에 그

---

158 mordicus, mit allen Kräften.

가 부끄러움을 느낄 필요가 없도록 여기서 모든 이가 각기 자신의 훌륭한 수호신의 보호를 받기를 바란다. 하지만 여기에 설명된 사안의 속성에 대한 명확한 인식은 이러한 점에서도 물론 자기 형성으로 이끌어준다.

3. 오류론

　　오류론 : 오류는 잘못된 논증이다. 논리적 오류란 얼핏 보면 맞는 말처럼 보이지만 꼼꼼히 들여다보면 궤변으로 증명되는 논증의 유형을 말한다. 논리적 오류에는 '형식적 오류'와 '비형식적 오류'가 있다. 형식적 오류는 연역 논증에서만 발생하는 오류로, 형식논리학의 추론 규칙에 합당치 못한 논증이다. 귀납, 연역 논증 둘 다에서 가능한 비형식적 오류는 자연언어 논증에서 발생하는 오류로, 겉보기로나 심리적으로는 옳은 듯하지만 논리적으로 검토해보면 부당한 논증이다.

　비형식적 오류는 언어적 오류, 심리적 오류, 자료적 오류, 가정의 오류로 나뉜다. 언어적 오류는 사용된 언어가 애매하거나 그 구성 또는 적용이 잘못되어 발생하는 오류다. 애매성의 오류라고도 한다. 심리적 오류는 사고 과정을 밟는 '논리'가 아니라 인간적 심리에 치우침으로써 생기는 오류다. 자료적 오류는 사용된 전제가 결론의 근거로 부적합하거나 또는 불충분할 때 발생하는 오류다. 적합성의 오류라고도 한다. 가정의 오류는 불확실한 가정이 결론을 뒷받침하는 오류로 부당한 비약의 오류다.

1. 언어적 오류

* 애매어에 의한 오류: 단어의 개념을 애매하게 사용했기 때문에 발생하는 오류다.
  - 예) 모든 죄인은 감옥에 가둬야 한다. 인간은 모두 죄인이다. 그러므로 모든 인간은 감옥에 가둬야 한다.
    → 모든 인간은 하나님 앞에서 죄인이므로 감옥에 가야 한다.
  - 예) 피터는 키 작은 프로농구 선수다. 따라서 피터는 농구 선수이고 키가 작다.

* 은밀한 재정의의 오류: 용어의 의미를 자의적으로 재정의하여 사용함으로써 생기는 오류.
  - 예) 그 친구, 정신병원에 보내야 하는 것 아냐? 요즘 세상에 뇌물을 마다하다니, 미치지 않고서야 어떻게 그럴 수 있어?

* 강조의 오류: 특정한 것을 강조 또는 은폐함으로써 자신이 원하는 방향으로 이끄는 오류를 의미한다.
  - 예) 성서에서는 "원수를 사랑하라!"고 했다. 철수는 원수가 아니다. 그러므로 나는 철수를 사랑하지 않아도 된다.
  - 예) "우리는 우리의 친구들에 대하여 험담해서는 안 된다." "그래요? 그러면 선생님에 대한 험담은 상관없겠네요?"

예) A : 이 카페에서 그 여자와 놀았지?

　　B : '이 카페' 아니고, '그 여자'도 아니야(다른 카페에서 놀았을 수
　　　　있지만, 놀지 않았다는 쪽으로 몰아가려고 한다).

예) 밤에 교수님께 전화 거는 것이 실례라면, 밤에 선배한테 전화 거
　　는 건 괜찮겠네요?

* 결합(합성)의 오류 : 개별 부분이 참이면 그 부분의 결합인 전체
에서도 참이라고 추론하는 오류다. 건초더미의 건초 한 가닥이
가볍다고 해서 건초더미 전체가 가벼울 거라고 추론할 수 없다.
따라서 이때 전체의 특성이 그 부분들의 특성과 같지 않음을 보
여줘야 한다. 우리는 건초 한 가닥 한 가닥이 가볍다는 이유로
건초더미 전체도 가볍다고 추론할 수 없다. 이 오류의 역은 전체
의 특성이 부분의 특성도 된다고 잘못 추론하는 '분해의 오류'다.

예) 미식축구는 서서 관람하면 더 잘 보인다. 그러니 모두 일어서서
　　관람하면 더 잘 보일 것이다.

예) 원자는 육안으로 볼 수 없다. 모든 물체는 원자로 되어 있다. 그
　　러므로 모든 물체는 육안으로 볼 수 없다.

예) 그 사람은 멍청하니까, 그 사람이 속한 당의 국회의원들은 다 멍
　　청할 거야(성급한 일반화의 오류).

예) 나치의 만행을 보면 당시 독일 국민의 저급한 시민의식을 알 수
　　있다.

예) 산삼, 녹용, 알로에, 웅담을 합치면 특효약이 될 것 같다.

예) 아르헨티나에는 개인기가 뛰어난 선수들이 있다. 그러므로 아르
　　헨티나 팀은 월드컵을 들어 올릴 것이다.

* 분해(분할)의 오류: 전체적으로 사용한 말을 나중에 분해된 곳에 사용해서 발생하는 오류다. 전체에서 참인 것이 각각의 부분에서도 참이라고 추정하는 것.

　　예) 이 건초더미는 무겁다. 따라서 건초 한 가닥도 분명 무거울 것이다.

　　예) 개는 흔한 동물이다. '세인트버나드'는 개다. 그러므로 '세인트버나드'는 흔한 동물이다.

　　예) 국회는 비리로 찌들었어. 그러니까 저 국회의원도 비리로 찌들었을 거야.

　　예) XX고등학교는 전국 최하위권의 학교이니 거길 다니는 너도 공부를 못하겠네.

　　예) 한국은 동방예의지국이다. 따라서 그 동네 사람들도 예의를 잘 지킬 것이다.

　　예) 미국은 부자 나라니. 거기 사는 사람들은 모두 잘 살 거야.

* 범주의 오류: 서로 다른 범주에 속하는 것을 같은 범주의 것으로 혼동하는 데서 생기는 오류.

　　예) 운동장은 다 둘러봤는데, 그럼 학교는 어디에 있습니까?

　　　　→ 학교와 운동장은 범주가 다르다.

　　예) 검은색을 좋아하는 걸 보니, 영혼이 어두운 모양이군

　　　　→ 색상과 심리는 범주가 다르다.

* 골대 옮기기: 논증이 이전에 합의된 입증 기준을 충족하더라도 기준을 다시 변경해 이전에 합의한 기준을 깨뜨리는 것이다. 일반적으로는 토론이나 논증이 시작된 뒤에 토론이나 논증의 조건을

바꾸는 것을 말한다. '골대 옮기기'라는 이름은 축구에서 왔다. 자기 팀을 유리하게 또는 상대 팀을 불리하게 만들려고 골대를 넓히거나 좁히는 것을 말한다. 이 오류는 진짜 오류라기보다 잔꾀를 쓰는 것이다. 이런 방법은 정정당당하지 않기 때문에 이런 방법을 피하려고 한다.

　예) 합의한 대로 당신 아내의 몸값으로 백만 달러를 지불했소. 그러나 아내를 찾고 싶다면 백만 달러를 더 지불해야 합니다.

2. 심리적 오류

* 감정에 호소하는 오류: 동정심이나 연민의 정, 공포를 유발하여 자신의 주장을 정당화시키는 오류. 당면한 문제를 다루기보다 청중의 감정에 호소함으로써 논증의 결론을 주장하려는 것을 말한다. 이 오류는 논증을 펴는 사람이 사실을 제시하는 대신, 사실에 대한 자신의 느낌과 다른 사람들의 감정적 반응을 가지고 자신의 사례를 논증하려 든다. 하지만 어떤 사실에 대한 느낌은, 그것이 참이냐 거짓이냐를 따질 때 아무 관련이 없다. 그런 이유로 이것은 오류다.

　예) 나는 어제 시험 성적을 나쁘게 받았기 때문에, 오늘은 스트레스를 풀기 위해 공부 안 하고 놀아도 된다.

　예) 복지수당을 줄이는 것은 잔인하다. 그러므로 복지수당을 줄여서는 안 된다.

　예) 이 법안을 반대한다고요? 그러고도 당신이 인간입니까?

　예) 동성애는 잘못된 것이다. 혐오스럽기 때문이다.

* 연민(동정심)에 호소하는 오류: 논점과 관계없이 동정심이나 죄책 감에 호소하여 결론을 받아들이게 하는 오류. 동정심에 호소하는 것은 경우에 따라 효과를 보기도 한다. 굶주리는 가족을 먹이려 고 빵 한 덩이를 훔친 사람을 기소하기 어렵기 때문이다.

　예) 존경하는 재판장님. 만약 피고가 유죄판결을 받는다면 그의 병 든 아내와 토끼 새끼 같은 자식들은 어떻게 살아가겠습니까? 죄 는 미워할망정 사람은 미워하지 말라는 말도 있는데 하물며 그 의 가족들이 무슨 죄가 있겠습니까? 무죄방면을 부탁드립니다.

　예) 제 점수가 비록 좋지 않긴 하지만 집이 가난해서 장학금을 받으 려면 A를 받아야 합니다. 그러니 A를 주시기 바랍니다.

* 증오(분노)에 호소하는 오류: 청중의 분노, 억울함, 앙심을 이용하 여 어떤 입장을 방어하거나, 상대방의 논증이 당신이나 당신이 속한 집단을 화나게 한다는 이유로 그 논증을 공격하는 것. 이 오류는 인간의 증오심리를 이용하여 논점을 합리화하려고 한다. 이 경우는 반박하기가 쉽지 않다. 상대방은 논쟁의 옳고 그름을 밝히지 않고 청중의 분노를 부채질하기 때문이다. 이때는 청중의 양심에 호소해본다. 상대방이 특정 집단에 대한 증오를 부추기려 들면 관용과 이해가 필요함을 강조하며 맞받아쳐라. 그러나 논리 보다 감정이 앞서고 감정의 힘이 세기 때문에 논리에도 한계가 있다.

　예) 인간의 역사는 가진 자와 못 가진 자, 배운 자와 못 배운 자와의 투쟁이었다. 이러한 투쟁의 궁극은 프롤레타리아 혁명으로 귀결 될 것이다. 자! 동지들이여 가진 자와 배운 자를 타도하자.

예) 우리나라에 더 많은 이민자를 받아들이자고요? 우리 일자리를 빼앗고, 복지를 빨아먹는 그 사람들요? 난 반대입니다!

* 힘이나 위력, 또는 공포에 의한 오류: 어떤 주장을 할 때 특정한 권력이나 힘에 의존해 공포, 협박, 불안 등을 야기하여 자신의 주장을 받아들이게 하는 오류. 공포에 호소하는 논증은 신을 믿지 않으면 지옥 불에 타게 될 것이라고 말하는 설교자들에게서 흔히 볼 수 있다. 또한 무슬림의 미국 입국을 금지하겠다는 트럼프의 공약도 공포에 호소하는 논증이다. 여기서 묘책은 두려워할 것이 없음을 보여주거나, 상대방이 과장하고 있음을 증명하는 것이다. 내가 신을 믿지 않는다면 지옥도 믿지 않는다는 것이다. 그러니 왜 걱정을 하는가?

이 논증은 적이나 소수 집단에 대한 공포를 이용하여 자신들의 힘을 강화하려는 선동가들이 많이 써먹는 수법이다. 공포를 이용하는 군사정권이든, 유대인에 대한 공포를 이용하는 반유대주의 정권이든 그 원리는 같다. 제품을 광고하는 광고주들도 소비자들의 공포를 이용하는 이런 전략을 자주 사용한다.

예) A: 공부해라, 아니면 맞든가.

　　 B: 엄마, 엄마는 지금 힘에 호소하는 오류를 범하고 있어요.

예) 내가 시키는 대로 안 하면 죽을 줄 알아!

예) 데오도런트[159]를 사용하세요. 그렇지 않으면 여러분 몸에서 악취가 날 겁니다!

---

159 냄새를 제거하는 탈취제.

* 군중(대중, 여론)에 호소하는 오류argumentum ad populum : 전제 부분에 군중들에게 호소하는 듯한 말투를 사용하면서 군중들을 끌어들이는 오류이다. 적절치 못한 결론을 대중심리를 이용하여 타당화하는 오류다. 군중에 호소하는 주장으로, 전문가 집단의 신념을 근거로 하는 경우를 '권위에 호소하는 오류'라고 부른다. 또 고연령 집단이나, 어느 커뮤니티에 오랫동안 참여하는 사람들의 생각을 근거로 하는 경우를 '전통에 호소하는 오류'라고 부른다. 연령이 낮은 집단의 생각과 유행을 근거로 하는 경우는 '새로움에 호소하는 오류'이다. 선전 광고나 정치 연설에서 흔히 볼 수 있다.

  예) 이 정치인은 훌륭하다. 왜냐하면 지지율이 높기 때문이다.

  예) 이 책은 베스트셀러니까 읽을 만한 책이다.

  예) 많은 사람은 A 기업이 부도덕한 집단이라고 말한다. 그러므로 A 기업은 부도덕한 집단이다.

  예) 지금 전 국민이 대통령이 잘못했다고 생각하고 있습니다. 그러니 대통령을 탄핵할 수 있도록 서명 좀 부탁드려요!

  예) 00 화장품은 전 세계의 여성이 애용하고 있습니다.

  예) 88%의 사람들이 UFO를 믿고 있으니까, UFO는 존재한다.

  예) 세계 인구의 대부분이 신을 믿고 있으니 신은 존재한다.

* 부적절한(맹목적) 권위에 호소하는 오류 : 논지와 직접적인 관련이 없는 권위자의 견해를 근거로 자신의 주장을 정당화하려는 오류. 권위자라는 인물이 당면한 주제의 전문가라면 문제될 게 없다. 만약 "블랙홀은 방사선을 내뿜는다"고 말할 때 스티븐 호킹의 권위에 기댄다면 이를 합리화할 수 있다. 그러니 먼저 권위자의 자격

을 따져 묻는 것이 필요하다.

예) 이 가방은 연예인이 사용하는 것이니까 좋은 가방일 거야.

예) XX대 기계공학과 교수의 말에 따르면 우리나라 정치는 썩었다.

예) 이 정수기는 S대 공학과 교수가 추천하는 제품입니다. 정말 훌륭 하지 않을까요?

예) 이 골프채는 프로골프 xxx가 추천한 제품이지요. 정말 좋은 제 품입니다.

예) 우리 아빠 말이 사람들이 창조론을 믿지 못하게 공룡 뼈를 땅에 묻은 거래. 그러니 진화론은 틀린 거야.

예) 제니퍼 애니스톤이 그러는데 로레알 샴푸가 최고래.

예) 우리 교주님이 말씀하시길, 신께서 조만간 지구를 불태워 없애실 거래. 그러니 세상의 종말이 가까웠어!

* 전통에 호소하는 오류: 전통적으로 믿어왔음을 근거로, 어떤 것 을 참이거나 가치가 있다고 논증하는 것. 상대방은 전통은 좋은 것이라고 논증하지만, 여성 할례 같은 나쁜 전통이나 태양이 지구 주위를 돈다는 믿음 같은 틀린 전통도 있다. 이런 오류는 '일반적 인 믿음에 기대기'의 한 유형이다. 전통에 지혜도 담겨 있지만 우 리의 조상이 믿었던 것이 반드시 옳은 것은 아니다.

예) 여자가 있어야 할 곳은 가정입니다. 먼 옛날부터 그래왔으니까요.

* 숭배에 의한 논증: 전문가의 권위나 존경심을 근거로 자신의 주 장을 정당화하는 오류다. 베이컨은 이를 극장의 우상이라 했다.

예) 아리스토텔레스가 불을 제외한 모든 것은 무게를 갖는다고 했는

데도, 너는 공기가 무게를 갖는다는 것을 의심하느냐?(갈릴레이)

예) 유명한 니체가 '신은 죽었다'고 했으니 신은 없다.

* 믿음에 호소하거나 신의 뜻을 들먹이는 오류: 참인 이유나 증거를 대지 않고 순전히 믿음이나 신의 뜻을 근거로 어떤 결론을 논증하는 오류.

　예) 주님이 나를 암으로부터 지켜주실 테니, 난 담배를 끊을 필요가 없어.

　예) 왜 비대면 예배를 하지 않느냐고요? 교주님이 그러시는데 주님께서 우리를 코로나로부터 지켜주신댔어요.

* 사람에 의한 논증argumentum ad hominem : 상대방의 주장을 논거에 의해 반박하지 않고, 그의 인격, 성격, 지위, 환경, 직업 등 논리상 부적합한 근거를 제시하여 결론을 이끄는 대인 논증이다. 다시 말해 특정 발언을 특정 누군가가 말했다고 생각하게 되는 순간 이 오류를 저지르기 쉽다. 크게 피장파장의 오류와 특수 환경 공격(연좌 및 정황 공격의 오류)으로 나뉜다. 독재자인 히틀러나 카스트로가 한 말을 끌어들여 논증하는 것은 연좌제에 의한 대인 논증에 해당한다. 온라인에서 토론이 길어질수록 나치나 히틀러에 비유할 확률이 높아진다. 심할 때 인신공격이 된다. 어떤 주장에 대해 그것의 진리 여부와 관계없는 부분을 공격하는 것을 '발생론적 오류'라고 한다. 사람에 의거한 논증은 어떤 경우든 상대방의 인격을 겨냥한다.

　예) 걔 임대 아파트 살잖아! 괜히 억울하니까 그러는 거야. 쓸데없는 얘기일 테니 신경 쓰지 마.

예) 철수의 주장은 틀렸다. 왜냐하면 그는 고작 열 살이고 초등학교
도 졸업하지 않았기 때문이다.

예) A: 죄 없는 동물을 때리고 학대하지 마라.

　　B: 넌 고기 안 먹고 사냐? → 비판하는 사람이 고기를 먹는다는
　　것이 동물 학대를 정당화하는 주장은 아니다.

예) 경찰관 양반, 앞차는 단속하지 않고, 하필 나만 단속합니까?

예) 히틀러가 그렇게 말했다면, 나는 그 말을 믿지 않겠소.

* 피장파장의 오류(역공격의 오류): 비판받는 내용이 비판하는 사람
이나 다른 사람에게도 해당한다는 점을 근거로 비판에서 벗어나
려고 하는 오류. 즉 어떤 주장을 정당한 근거에서 비판하는 것이
아니라 그 주장을 한 사람이 더 심한 행위를 했다는 이유로 자
신의 잘못을 정당화하거나 그 주장이 잘못된 것이 아니라고 일
축하는 '물타기 오류'로 역공격의 일종이다. 내로남불은 피장파장
의 오류에 해당한다. 이 오류는 주장 자체의 적절성 대신 상대의
위선이나 도덕성을 지적하는 것에 초점을 두는 방식, 즉 위선에
의 호소와 관련된다. 다른 표현으로는 "너도 마찬가지!" 등이 있
다. 피장파장의 대인 논증은 '훈제 청어' 전략의 일종으로 사용될
수 있다.

예) 저 사람도 무단횡단을 했는데 왜 나만 단속하는 거예요?

예) A: 공부 좀 해라! B: 엄마는 공부 열심히 했어요? A: 나도 공부
　　안 할 거예요.

예) 성 위안부는 미국, 독일, 소련에도 있었는데 왜 우리한테만 그래?

예) 철수: 영희는 국어 숙제를 빼먹었습니다. 그러므로 영희는 벌을
받아야 합니다.

영희: 철수 너도 숙제 안 했잖아?

예) 의사: 음주와 흡연은 고혈압과 당뇨를 유발할 수 있으니 조절하
십시오.

환자: 에이, 의사 선생님도 술, 담배 하시잖아요.

* 환경(정황)을 공격하는 오류: 반대자의 정황이나 환경을 공격하는
오류다. 정황적 대인 논증에 해당한다.

예) A: 아이폰은 훌륭한 핸드폰입니다. 왜냐하면……

B: 당신은 애플 직원이 아닙니까? 그러니 당신 말을 믿을 수 없
습니다.

예) 석유회사 최고 경영자는 알래스카에서 시추 작업을 벌이더라도
환경에 미치는 영향이 미미할 것이라고 주장한다. 그러나 그는
시추 허가를 얻으려고 그렇게 말하는 것일 테니 그의 말을 믿어
선 안 될 것이다.

* 인신공격의 오류: 인신공격의 경우에는 주제를 완전히 벗어나 상
대방이라는 개인 자체를 공격 목표로 삼는다. 비방적 대인 논증
에 해당한다. 그러므로 상대방의 감정을 상하게 하고, 악의적인
말을 퍼붓고, 모욕하며 거칠게 대하게 된다. 욕설을 이용하기도 한
다. 논쟁에서 감정을 통제하지 못할 때 빠지기 쉬운 오류다. 인신
공격의 오류는 상대의 주장을 반박하지만, 정황적 오류는 상대의
주장이나 논증을 약화시킨다.

예) 베이컨의 철학은 가치가 없다. 왜냐하면 그는 법관 시절 뇌물을 받은 적이 있었기 때문이다.

예) 저 사람의 말은 믿을 만한 게 못 돼. 그는 전과자거든.

예) 지구가 태양 주위를 돈다고? 술꾼에 바람둥이 말을 어떻게 믿어!

예) 하이데거 철학은 읽어 볼 가치가 없어. 나치 당원이었잖아.

예) 마르크스의 본 대학 졸업장에는 "밤에 지나친 음주로 타인의 수면을 방해하는 술주정을 부려 1일간의 외부 출입 금지령을 받았다."라고 쓰여 있다. 이렇듯 사생활에 문제가 있는 것을 볼 때, 그의 이론 역시 어느 정도의 문제점을 내포하고 있음에 틀림없다.

* 비합리적 자기 정당화의 오류: 자기 자신을 비합리적으로 정당화하려는 오류이다. 하지만 이런 주장을 하는 자들은 자신들의 비합리성을 인정하지 않는다. 지지 후보의 적합성, 그리고 반대편 후보의 부적합성을 어떻게든 증명함으로써 자신들의 선택을 정당화하려 한다. 일종의 확증편향이다. 정치나 종교 관련 논쟁이 벌어질 때면 옳고 그름의 프레임에 갇힐 때가 많다. 실상은 취향, 선호도, 가치관이 복잡하게 얽혀있다.

예) 담배를 안 피우고 우울하게 죽는 것보다 담배를 피우다가 즐겁게 죽는 게 낫다.

예) 종말론 집단의 최후의 날에 종말이 일어나지 않자 교주가 이렇게 말했다. "여러분의 믿음에 감동하여 신께서 심판하지 않기로 마음을 바꾸셨습니다."

예) 전쟁을 벌인 초기의 명분이 무효로 밝혀져도 전쟁을 계속 지지하고 수행한다.

* 원천봉쇄의 오류(논점 선취의 오류): 어떤 특정 주장에 대한 반론이 일어날 수 있는 요소를 원천적으로 봉쇄하여 자신의 주장을 받아들이게 하는 오류. 상대방의 반박 자체를 불가능하게 만드는 자기 완결적 주장으로서, 이의제기 자체를 일축해버린다. 원천봉쇄의 오류는 허위임을 입증할 수 없다. 어떤 논증도 이에 대한 반론을 제기할 수 없기 때문이다. 이것은 때로 '대인 논증'이 되기도 하고, 또 어떤 때는 '체리피킹'처럼 보이기도 한다.

예) 에피쿠로스는 쾌락주의자이기 때문에 법에 관해 무지하다.

예) ○○○을 지지하는 사람들은 모두 빨갱이들이다. 내 말에 반대하는 사람은 스스로 빨갱이임을 인정하는 것이다.

예) 지하철에 여성 전용칸을 만들어주세요. 제 말에 반대하는 사람은 여성 차별에 무관심한 여성 혐오자들입니다.

예) 당신이 알코올 중독이 아니라고요? 그게 바로 증거요. 자꾸 부정하려 드는 것이 알코올 중독자의 전형적인 행태라고요.

* 반증 불가능성의 오류: 자기 완결적 명제는 그 표현 방식으로 인해, 그에 대한 반례를 제시하는 게 불가능해진다. 어떤 주장이 자기 완결적인 경우, 그것이 참일 수도 있지만 또한 거짓일 수도 있다. 이때 반증이 가능하면 그 주장이 거짓으로 드러난다. 예를 들어 '백조는 모두 하얗다'는 이론을 제시하는 과학자는 반증이 가능한 진술을 하고 있다. 그에게 검은 백조를 보여주면 그는 자신의 주장을 철회할 것이다.

예) A: 주께서는 내 기도를 들어주십니다.

B: 당신이 낫게 해달라고 기도했는데도 그분은 돌아가셨잖아요.

A: 그래요, 주께서 기도를 들어주셔서 그분이 더 좋은 곳으로 가셨지요.

* 우물에 독 타기 오류: 자신의 주장과 반대되는 주장은 나쁜 것으로 전제하여 논증의 여지를 남기지 않는 오류다.

　예) 통일은 반드시 이루어져야 한다. 이것은 한국인이라면 누구든 반대할 수 없을 것이다.

　예) 신은 존재합니다. 전 신학박사니까 적어도 같은 급수가 되는 분들이 반론을 하세요.

* 성적 매력(로맨스)에 호소하는 오류: 성적 매력이나 달콤한 로맨스를 들먹이며 논점을 합리화하려는 오류.

　예) 요즘 멋쟁이들은 모두 이 구두를 신습니다. 이 구두를 신으면 키가 10cm 이상 크게 보이는 효과가 있습니다. 키가 작아 데이트 한번 못 해본 남성들이여! 이 구두를 신고 멋진 아가씨 앞에 당당히 나서십시오.

* 사적 관계에 의거한 호소: 친구, 동창, 동향 등의 관계에 있는 사람들의 인정에 호소함으로써 논지를 받아들이게 하는 오류.

　예) 내가 선생님에게 야단맞고 있을 때 친구로서 어떻게 가만히 있을 수 있니? 친구가 어려움에 처해 눈물을 흘리고 있는 것을 보고도 눈만 말뚱말뚱하고 있는 게 친구가 할 일이야?

　예) 넌 나랑 제일 친한 친구잖아. 니가 도와 주지 않으면, 내가 누굴 믿고 살란 말이니?

예) 그 사람 경상도 출신이잖아. 당연히 찍어줘야지. 우리가 남이가.

예) 그 사람 우리 동문(조직원)이야. 각별하게 챙기자구.

* 유머(농담)에 의거한 호소: 어떤 논지에 대하여 유머나 농담으로 받아들이는 오류다.

예) 모든 생물의 시초는 어류에서 출발했다고 말씀하셨는데, 그렇다면 당신의 조상도 메기나 피라미였단 말씀이죠?

* 조롱에 기대기: 당면한 문제를 다루지 않고 조롱으로 상대방의 논증을 공격하는 것. 예컨대 상대방의 논증을 비꼬는 투로 되풀이하는 것. 이런 유형의 논증은 타당하지 않을지는 모르나 그럼에도 효과적일 수 있다. 이런 논증을 쓰는 사람은 상대방의 논증을 조롱함으로써 상대방뿐만 아니라 그 논증을 옹호하는 사람까지도 어리석다는 것을 내비친다.

예) 오바마 후보는 타이어 공기압을 적절히 유지하면 휘발유가 절약된다고 하는데, 그것은 에너지 정책이 아닙니다. 공익광고입니다.

예) 당신은 하늘에 산다는 뾰족 귀 요정이 세상을 만들었다는 거죠? 궁금하니 그 이야기 계속해보시죠!

* 귀류법reductio as absurdum: 상대방의 논증에서 터무니없는 결과를 도출하여 반박하는 오류다. 그러나 그 결과는 상대방의 입장을 희화하는 식으로 왜곡하여 생겨났을 뿐이다. 다윈주의를 반대하는 자들은 이런 말을 하곤 했다. "애들은 놀이방에 있는데, 조상님은 마구간에 있다니." 다윈주의가 진짜라면 우리 조상은 말이었

다는 뜻으로 한 말이다. 이 논증은 어떤 입장을 왜곡해서 희화화하는 '허수아비 때리기 논증'이나 '조롱에 기대기'와 연결된다.

예) 음주 연령을 18세로 낮추자고요? 그럼 아예 막 걸음마를 뗀 젖 먹이한테 바텐더를 하라고 하지 그래요?

3. 자료적 오류

*역지사지의 오류: 역지사지란 내가 대접받고 싶은 대로 상대에게 해주라는 말이다. 그런데 현실에서 적용하는 데는 한계가 많다. '나는 그런 상황에서 안 그럴 텐데, 너는 왜 그러냐?'라고 생각하면서 남에게 자신의 도덕관을 강요하는 상황이 발생할 수 있다.

예) 소설도 못 쓰는 사람이 소설 평론하는 게 말이 돼? 영화도 만들어보지 못한 주제에 영화 평론을 하다니!

예) 노래도 못하는 사람이 노래 심사를 하다니!

→ 그렇지만 평가하는 것과 작품을 만드는 것, 심사하는 것은 별개의 문제다.

*무지에 호소하는 논증: 어떤 주장이나 사실의 진위가 가려지지 않는 것을 근거로 결론을 이끄는 오류. 또는 어떤 것이 참이라는 증거가 부족하다는 이유로 거짓이라고 추정하는 오류. 어떤 것에 대한 확실한 증거가 없다고 해서 그것을 믿지 않을 이유가 되지는 않는다. 그러니 외계인이 있다는 증거가 없다고 해서 그들의 존재를 부인해서는 안 된다. 우주는 넓고, 그들이 어딘가에 있을지도 모르니까. 이 유형의 논증은 '비존재의 증명'을 수반한다. 1950년대 미 상원의원 조지프 맥카시가 악명 높은 마녀사냥을

했다. 그는 공산주의자로 의심되는 사람들이 국무부에 있다고 증언하면서 문제의 인물이 공산주의자가 아니라는 걸 입증하지 못하니, 그자를 공산주의자라고 추정해야 한다고 주장했다.

예) A: 신이 존재하지 않는다는 걸 증명할 수 있어?

　　B: 아니.

　　A: 그것 봐! 신은 존재한다니까.

예) 외계인들이 우리 주변에 있다는 걸 왜 믿지 않나요? 이런 생각이 틀렸다고 할 만한 증거가 있나요?

예) 저에게는 그 사람이 공산주의와 관련되어 있지 않다는 것을 입증할 아무런 기록도 갖고 있지 않다는 부처의 진술 외에는 별다른 정보가 없습니다.

* 비존재의 증명: 어떤 것이 존재하지 않는다는 것을 증명할 수 없음을 근거로, 어떤 것이 존재한다고 주장하는 것을 말한다. 이 논증은 입증책임을 부당하게 전가하기 때문에 잘못된 것이다. 이 오류는 어떤 것이 존재하지 않는다는 증거가 없다는 이유만으로, 어떤 것이 존재하거나 참이라고 주장하는 '무지에 호소하는 논증'과 연결되어 있다.

예) 난 귀신이 있다고 믿어, 아무튼 귀신이 없다는 확실한 증거를 보지 못했으니까!

* 의도 확대의 오류: 의도하지 않은 결과를 의도가 있다고 판단하여 생기는 오류. 이 오류 논증은 '의도한다', '바란다', '희망한다', '생각한다'와 같은 지향적 태도와 관련된 오류이다.

예) 음주운전을 하는 놈들은 사람들을 죽이려고 작정한 녀석들이다.

예) 담배는 백해무익이라는데 흡연을 하다니. 넌 자살하고 싶은 모양
이지?

* **훈제 청어의 오류red herring**: 실제 논의와는 전혀 상관없는 것을
집어넣어서 혼란을 일으키는 오류를 말한다. '논점 일탈의 오류'
를 의미하는 용어다. '주의 돌리기 오류'라고도 부른다. 유래는 훈
제 청어의 냄새가 지독했기 때문에 18·19세기 유럽에서 여우 사
냥용 사냥개를 훈련할 때 개의 후각을 단련시키는 데 쓴 한편,
사냥감을 쫓던 개가 그 냄새를 맡고 나면 혼란을 일으켜 사냥감
을 놓치기도 해서 생긴 말이다. 그러나 훈제 청어를 사용한 원래
목적은 사냥개의 주의를 딴 데로 돌리려는 게 아니라 그 냄새를
쫓도록 훈련하기 위해서였으므로 오해를 불러일으키기도 한다.

예) A: xxx 기업은 부도덕한 집단이야. 왜냐하면 총수 일가가 부패했
기 때문이지. 그런데 xxx 기업이 선도하는 우리나라 반도체
산업은……. → 이 경우 xxx 기업의 도덕성 문제에서 반도체
산업으로 뜬금없이 넘어가고 있다.

예) 저쪽 편은 티베트와 홍콩을 탄압하는 중국을 비난하고 있습니
다. 그럼 미국의 이라크 공격은 어떤가요? 그건 알 바 아니라는
건가요?

예) 환경보호단체에서는 원자력 발전의 위험성에 대해 끊임없이 문
제제기를 하고 있다. 불행하게도 전기는 생산 방식이 무엇이든
간에 위험하다. 매년 수백 명의 사람들이 감전 사고로 희생되고
있다. 대부분의 감전 사고가 부주의에 의해 발생되기 때문에 사

람들이 좀 더 주의를 기울인다면 사고는 방지될 수 있을 것이다.

→ 여기에서 원래의 논의 주제는 "원자력 발전이 과연 위험한가?"이다. 그런데 논지는 이 주제를 벗어나 전혀 다른 "전기는 위험한가?"라는 주제로 옮겨가고 있으며, 전혀 다른 주제에 관해 타당하든 타당하지 않든 자신의 결론을 내리고 있다.

* 허수아비 논증의 오류: 상대방의 주장이나 이야기를 변형하고 곡해하여, 그와 유사하지만 전혀 다른 '허수아비strawman'를 정해 놓고 그것을 공격하는 오류다.

　　예) 여성 장애인 문제는 여성의 문제다. 그러므로 남녀평등의 차원에서 다루어야 한다.

　　예) A: 심각한 부패에도 불구하고 xxx 기업은 우리나라에 절대적으로 필요한 기업입니다.

　　　　B: 그러면 대한민국을 부패 공화국으로 만들자는 말입니까?

　　예) 환경을 보존하기 위해 시골을 고속도로로 뒤덮으면 안 됩니다. 그럼 고속도로를 아예 놓지 말라는 건가요? 그럼 대체 어떻게 돌아다니란 거죠?

* 체리피킹cherry picking: 증거를 제시해 결론을 확실히 할 때 결론을 뒷받침하는 증거만 선택적으로 끌어오고, 결론에 모순되는 증거는 모조리 숨기는 것. 이 오류는 일부러 사용하기도 하지만 부지불식간에 저질러지기도 한다. 우리는 무의식적으로 우리의 신념을 뒷받침해줄 증거를 찾고, 그 증거와 모순되는 증거는 무시하는 경향이 있다. 이것이 '확증편향'이다. 따라서 우리는 상대방의

사고만큼 우리의 사고에도 엉성하고 철저하지 못한 면이 있을 수 있음을 유의해야 한다.

예) 동종요법同種療法으로 암 환자 100명이 회복되었으니 동종요법으로 암을 치료할 수 있다는 게 확실해졌다. 그러나 이 연구에 참가한 만 명의 피험자 중 9900명은 동종요법에 반응하지 않았음이 밝혀졌다.

* 편향된 표본: 모집단 전체에 관한 일반적 결론이 작은 표본의 행동방식에서 도출되었으나, 그 표본이 모집단 전체를 대표하는 경우이다. 표본추출은 귀납 추론의 일종이다. 즉, 표본이 모집단의 축소판이므로 표본이 참이면 모집단의 경우에도 참으로 간주된다. 그러나 '편향된 표본'에서는 표본이 모집단 전체를 대표하지 않는다. 이때 당신은 어떤 표본이 모집단을 대표하지 않는다는 것을 지적해야 한다.

예) 미국인 100명을 상대로 여론조사를 한 결과 98명이 신을 믿는 것으로 나타났다. 따라서 미국인의 98%가 신을 믿는다. 그런데 이 여론조사는 특정 교회의 신자들을 표본으로 삼았다는 것을 밝히지 않았다.

* 잘못된 이분법에 의한 오류: 완전하지 않은 두 개의 선택지를 주고 그중 하나를 강요하는 오류다.

예) A 후보에게 투표하든지 아니면 나라를 망하게 하든지 하십시오.

* 논점 일탈의 오류: 논점에서 벗어나는 주장을 내세우는 오류다.

전제와 결론이 서로 관계가 없는 논증에서 흔히 나타난다.

예) 신은 존재한다. 그러므로 남북통일을 해야 한다.

예) 요즘 무분별한 소비문화가 만연해 있기 때문에, 우리는 자식들을 엄하게 키워야 한다.

* 흑백논리의 오류 : 어떤 집합의 원소가 단 두 가지밖에 없다고 추론하는 오류.

예) 넌 짜장면을 싫어하는 것으로 보아 짬뽕을 좋아하겠구나?

예) 내 부탁을 거절하다니, 넌 나를 싫어하는구나.

4. 가정의 오류

* 복합질문의 오류 : 표면상으로는 단순한 질문처럼 보이나 내용상으로는 두 개 이상의 질문이 결합된 질문을 하여 이에 대해 긍정이나 부정을 했을 때, 그것을 전제로 결론을 이끄는 오류다. 이것은 유서 깊은 오류로 고대 그리스에는 '뿔의 오류'로 불렸다. "당신은 뿔을 잃어버렸는가?"라는 질문에 '아니오'라고 답하면 뿔이 있다는 뜻이 되고, '네'라고 답하면 한때는 있었지만 지금은 잃어버렸다는 얘기가 되어 진퇴양난에 빠지게 된다.

예) "요즈음은 도박 안 하지?" "예." "그렇다면 예전에는 했다는 말이군."

예) 야, 너 얼마나 훔쳤어?

예) 저를 뽑지 않으시면 이 나라의 민주주의가 쓰러져가는 것을 방관하는 것입니다!

예) 너 요즘은 공부 열심히 하니?

예) 이제는 아이들을 안 때립니까?

* 순환 논증의 오류: 논증의 결론 자체를 전제의 일부로 사용하는 오류를 말한다. 결론이 되어야 할 것이 전제되기 때문에 결론이 되풀이하여 전제되며 순환하게 되기 때문이다. 이 오류는 '선결문제 요구의 오류'와 밀접한 관련이 있으며 현대에는 이 둘이 동일한 의미로 사용된다. 경제학에 이런 예들이 있다. 왜 금이 가치가 있을까? 사람들이 가치 있게 여기니까. 그런데 왜 가치 있게 여길까? 무엇보다 가치가 있으니까.

예) "그놈은 나쁜 놈이니 사형을 당해야 해. 사형을 당하는 걸 보면 나쁜 놈이야."(노신의 『아큐정전』)

예) 내가 한 말은 모두 사실이다. 왜냐하면 나는 거짓말을 하지 않기 때문이다.

예) 우리 교주님은 틀리는 법이 없다. 그분이 그렇게 말하니까. 저는 그분의 말을 진짜로 믿습니다. 그분은 틀리는 법이 없으니까요.

예) 이 사상은 정부에서 탄압하니까 위험하다. 왜냐하면 정부는 위험한 사상을 탄압하니까.

예) 성서에는 하나님의 말씀이 기록되어 있습니다. 어디서 그런 주장을 하나요? 성서에 기록되어 있습니다.

예) "내가 틀렸을지도 모른다. 그러나 나는 우리나라를 위해 내가 옳다고 생각한 일을 했다."(2007년 토니 블레어 영국 총리의 퇴임 연설)

예) A: 대화록 유출을 어떻게 알았나?

　　B: 월간지를 보고 알았다.

　　A: 월간지는 그 사실을 어떻게 알았나?

　　B: 보좌진이 알려줬을 것이다.

　　A: 보좌진은 어떻게 알았나?

B: 월간지를 보고 알았을 것이다.

* 선결문제 요구의 오류petitio principii : 증명이 되어야 하는데, 증명하지 않고 참으로 가정하고 논증하는 오류다. 결론의 논거가 될 수 없는 부당한 전제로부터 결론을 이끄는 오류다. '부당가정의 오류'라고도 한다. '선결문제 요구의 오류'의 문자 그대로의 의미는 '문제(논점)를 먼저 해결하는 것이 요구되는 오류'이다. 즉, 논점을 해결하지 않은 채 논점의 주장을 사실로 가정하여 사용하는 오류를 뜻한다.

예) 신은 존재한다. 왜냐하면 성서에 그렇게 기록되어 있으니까.

예) 과거에도 일어났고, 지금도 일어났으니, 미래도 일어날 것이다.

→ 과거와 현재가 같다는 것이 현재와 미래가 같다는 것을 보장하지 않는다.

예) 그들은 좌파다. 왜냐하면 좌파적으로 생각하기 때문이다.

→ 동어반복의 오류. 좌파의 의미가 해명되지 않았다.

예) 어떤 경우에도 낙태를 허용해서는 안 된다. 인간을 죽이는 것은 범죄이기 때문이다.

→ 근거를 제시하지 않고 배아가 인간이라고 전제하고 있다.

예) 성서의 내용이 모두 진리이다. 왜냐하면 성서에서 그것이 모두 진리라고 했기 때문이다.

* 논점을 참으로 가정하기begging the question : 전제에서 결론이 참임을 가정하고 논증하는 것. 이 논증은 '선결문제 요구의 오류'와 '순환 논증'과 관계가 있다.

예) 사람들의 동기는 이기적이다. 다른 사람의 행복을 희구할 때도 실은 자신의 이익을 염두에 두고 있다. 따라서 사람들은 언제나 이기적이다.

* 성급한 특수화의 오류: 여러 상황에서 타당하다고 무조건 참인 것처럼 여기는 오류를 말한다. 즉, 어떤 규칙을 적용할 수 없는 특수한 상황에까지 적용하는 오류다. 제한된 정보, 불충분한 통계 자료, 대표성이 결여된 사례 등을 근거로 일반적인 사례를 특수한 경우에 적용해 발생한다. '직접 우연의 오류', '원칙 혼동의 오류'라고도 한다.

예) 지하철에서 라면을 먹는 것은 개인의 자유이므로 허용해줘야 한다.

예) 물은 100도에서 끓으므로 높은 산에 올라가도 100도에서 끓을 것이다.

예) 거짓말은 비도덕적이다. 이 의사는 환자에게 불치병임을 알리지 않았다. 따라서 그 의사는 비도덕적이다.

* 성급한(섣부른) 일반화의 오류: 특수한 경우에 참인 것을 일반적인 경우에도 참이라고 가정하는 오류. '역도逆倒 우연의 오류'라고도 한다. 몇 개의 사례나 경험으로 전체 또는 전체의 속성을 단정 짓고 판단하는 데서 발생하는 오류이다. 성급한 일반화에는 지방 차별적인 생각이나 편견, 인종차별적인 생각이나 편견이 기본 잣대로 작용하기도 한다. 어느 한 사람이 어느 모임의 일부만을 보고서 모든 사람을 추론할 것이다. 예를 들면, 어떤 사람이 유대인에 대해 '게걸스럽고 까탈스러운 명청이이며 구두쇠'라는 인식을 지니거나 흑인에 대해서는 '말이 많고 가난하고 범죄자일 것이다'

라는 식의 믿음을 가지는 경우를 생각할 수 있다. 이것이 바로 성급한 일반화의 일부이다.

예) 이 진통제는 환자의 모든 고통을 없앤다. 따라서 이 진통제는 사랑의 고통도 없앨 것이다.

예) 내가 만난 여자들은 다 이기적이야. 아무래도 여자들은 다 이기적인 특성이 있는 것 같아.

예) 초록 신호등이 켜지기도 전에 출발하는 사람들이 많으니, 한국 사람들은 성질이 급한 민족이다.

예) 펠레를 모르는 것을 보니, 축구는 전혀 모르는구나.

예) 월드컵 4강에 들었으니, 우리는 세계 4등 국가다.

예) 이 문제를 풀었으니, 넌 아인슈타인보다 훌륭한 과학자야.

예) 나는 매일 위스키 한 병을 마셔. 그래서 어쨌다는 거야? 우리 할아버지는 그렇게 드셨지만 98세까지 사셨어.

* 인과적 오류: 단순히 시간상으로 선후 관계에 있는 것을 인과 관계가 있는 것으로 추리하는 경우.

예) 까마귀 날자 배 떨어지다.

예) 뱀이 나오는 태몽을 꿔서 그런지 둘째 아이는 인기가 많다.

예) 어제 귀신 나오는 꿈을 꾸었더니, 오늘 사촌이 죽었지 뭐야.

예) 아침부터 재수 없게 개똥을 밟았더니, 결국 자동차 사고가 났군.

예) 날씨가 추워서 사람들이 감기에 많이 걸려.

* 거짓(잘못된) 원인(위謂 원인)의 오류non causa pro causa : 필연적 원인이 아닌 것을 근거로 결론을 내릴 때 생기는 오류다.

예) 서낭당에 빌면 아들을 낳는다.

예) 탑돌이를 100번 하면 사내아이를 낳는다.

* 미끄러운 경사면의 오류[160]

미끄러운 경사면의 오류는 그릇된 원인의 변종으로 일명 도미노의 오류다. 미끄럼틀을 한번 타기 시작하면 끝까지 미끄러져 내려간다는 점에서 연쇄 반응 효과의 오류라고 할 수 있다. 미끄러운 경사면 오류는 조그만 행동을 취하는 것이 결국에는 커다란 (그리고 종종 터무니없는) 결과에 이를 수 있다고 주장한다. 이것은 하나의 일이 반드시 다른 일로 이어진다고 잘못 추정하는 것이다. 언급되고 있는 연쇄 반응이 실제로 가능한지의 여부를 결정할 수 없는 경우에는 미끄러운 언덕길의 오류에 해당되는지의 여부를 결정하기 어려울 수도 있을 것이다.

예) 네가 좋은 대학에 들어가지 않는다면(박사 학위를 따지 않는다면)……찢어진 청바지를 입고 길바닥에서 살게 될 거야!

예) 낙태를 허용하면 결국 안락사도 늘어날 거야.

예) 당장에 포르노 금지법안을 만들어야 합니다. 포르노의 지속적인 생산과 유통은 강간이나 근친상간 같은 성범죄를 유발할 것입니다(그릇된 원인). 그것은 다시 점차적으로 사회의 도덕과 규범을 무너뜨릴 것이고, 나아가 모든 종류의 범죄를 초래할 것입니다. 결국 그것은 법과 질서의 완전한 붕괴를 초래함으로써 문명 전

---

160 첫 단계가 정확히 다른 단계로 이어지지는 않는다는 것을 알 수 있을 때는 이 오류를 쉽게 간파할 수 있다. 그러나 이런 변화가 좀 더 점진적으로 일어난다면 사람들은 그 조치에 반대하지 않을 수도 있다. 이런 상황이 나치에 반대했던 독일 신학자 마르틴 니묄러의 시에 잘 나타나 있다. "처음에 그들은 유대인을 잡아갔다……. 그다음엔 공산주의자를 잡아갔다……. 그리고 어느 날부터 내 이웃이 잡혀가기 시작했다……. 그러던 어느 날 그들은 나를 잡으러 왔다."

체의 절멸에 이를 것입니다.

　예) 정부가 학생이 학교에 총을 가져오는 것을 금지한다면, 조만간 모든 총기의 반입을 금지할 것이다. 그다음에는 모든 공공장소에 총기반입을 금지할 것이고, 결국 정부는 총기를 모조리 금지할 것이다.

* 잘못된 유추(위謬유추, 위유비)의 오류: 유사한 점을 근거로 다른 것도 그러리라고 추론하는 데서 생기는 오류. 낙수효과도 잘못된 유추의 경우이다.

　예) 사람에게서 머리를 자르면 그는 죽는다. 마찬가지로 국가에서 왕을 없애버리면 그 나라는 망한다.

　예) 사과는 과일이다. 그리고 둥글다. 바나나도 과일이다. 따라서 바나나도 둥글다.

　예) 포도주가 오래될수록 맛이 깊어지는 것처럼 인간관계도 오래될수록 깊어진다.

　예) 바위 더미에 물을 부으면 물이 바위들 틈을 흘러서 바닥에 이른다. 마찬가지로 돈 많은 사람이 더욱 부자가 되면, 그 돈이 가난한 사람들에게 흘러 들어갈 것이라고 기대할 수 있다.

* 열반의 오류: 어떤 문제에 대한 해결책이 그 문제를 완전히 해결하지 못한다는 이유로 비판하는 것.

　예) 음주운전을 금지하면 생명을 구하게 될 거라고 말합니다. 그러나 음주운전을 하든 안 하든 교통사고로 죽습니다.

　예) 나라에서 마스크를 쓰라고 강요합니다. 그러나 마스크를 쓰든 안 쓰든 코로나 바이러스로 죽는 사람이 많습니다.

4. 논쟁의 달인 쇼펜하우어의 생애와 논쟁적 변증술

- 홍성광

1. 간략한 생애

쇼펜하우어(Arthur Schopenhauer, 1788~1860)는 부유한 상인이었던 아버지 하인리히 쇼펜하우어와 작가인 어머니 요한나 헨리에테 쇼펜하우어(결혼 전 성은 트로지너)의 장남으로 단치히(지금의 그단스크)에서 태어났다. 프랑스 대혁명이 일어나기 1년 전이었다. '아르투어'는 영어식으로 읽으면 '아서', 불어식으로 읽으면 '아르튀르'이다. 영국을 좋아한 아버지가 나중에 아들이 영국이나 프랑스와 사업하는 데 유리하다고 생각해 아들 이름을 영국과 프랑스에서 통하는 이름으로 지었다. 그런데 그는 가난한 철학자가 아닌 부유한 상인이 되라는 아버지 말을 따르지 않고 괴짜 철학자가 되었다.

그는 사업가인 아버지 쪽으로부터는 의지, 당대의 인기 문필가였던 어머니로부터는 지성을 물려받았다. 예술적 감각이 뛰어났던 어머니는 열 살쯤 이미 독일어, 폴란드어, 영어, 불어를 알았던 조숙한 아이였다. 그녀는 익명으로 책을 펴내지 않은 최초의 독일 문필가였고,

1820년대에는 독일에서 가장 유명한 여성 작가였다. 그러다가 19세기 후반부터는 주로 철학자 쇼펜하우어의 어머니로 알려지게 되었다. 볼테르를 좋아하고 영국인의 생활 방식을 애호한 아버지 하인리히 쇼펜하우어는 검소하고 지혜로우며 선견지명이 있는 사람이었다. 그는 엄격하고 급한 성격의 소유자였지만, 한편 품행이 단정하고 정의감이 강해 남에 대한 신의를 반드시 지키면서도 사업에 대해서는 뛰어난 통찰력을 갖고 있었다. 그는 군주제를 지지하는 아들과는 달리 공화제 옹호자였다. 그는 우연한 기회에 프리드리히 대제의 관직 제의를 받고 '자유롭지 못하면 결코 행복할 수 없다'라면서 그 요구를 과감히 물리친 적도 있었다. 그는 자신이 이틀밖에 살지 못하더라도 야비한 악당들 앞에서 굽실거리느라 그 이틀을 허비하지 않겠다고 생각하는 강단 있는 남자였다. 이런 점에서 아버지와 아들 모두 고집불통이라는 공통점이 있다.

쇼펜하우어가 다섯 살 나던 1793년 단치히가 프로이센에 합병되자 아버지는 많은 재산을 포기한 채 가족을 데리고 급히 함부르크로 야반도주했다. 4년 후 거기서 1797년 9세 연하의 여동생 아델레가 태어났다. 그해에 쇼펜하우어는 프랑스 르아브르에 있는 아버지의 사업 친구인 그레고아르 드 블레지메르의 집에 가서 2년간 생활했다. 이때 쇼펜하우어는 그의 아들 앙티메와 친하게 지내며 프랑스어를 배운다. 쇼펜하우어가 독일어를 거의 잊어버릴 정도로 프랑스어를 잘 하게 되자 아버지는 그 결과에 무척 만족스러워한다.

1799년에 쇼펜하우어는 홀로 배를 타고 함부르크로 돌아와 특수층 자제가 다니는 룽에 사립 상업학교에 입학한다. 다음 해에는 아버지와 함께 3개월간 하노버, 카를스바트, 프라하, 드레스덴을 여행한다.

1803년에는 상인이 되라는 아버지의 권유를 받아들여 온 가족이 함께 다시 네덜란드, 잉글랜드로 여행을 떠난다. 런던에 도착하여 쇼펜하우어는 신부 랭카스터의 집에서 지내면서 런던 윔블던의 이느 학교에서 12주간 영어를 익힌다. 영국을 좋아한 쇼펜하우어는 후일 나폴리에서 영국 청년들과 사귈 때 영어를 잘한다는 칭찬을 받기도 했다. "쇼펜하우어의 영어지식과 영어 발음은 잉글랜드인들조차 이따금 그를 동포로 착각하게 만들 정도로 완벽했을 뿐 아니라 그도 자신이 잉글랜드인으로 착각될 때마다 의기양양해졌다."[161] 상업학교 졸업 후 1805년 1월부터 함부르크의 거상 예니쉬의 상업사무실에서 수습사원으로 근무하기 시작한다. 그해 4월 20일 아버지가 창고 통풍창에서 떨어져 사망했는데 실은 우울증에 시달리다 생을 마감한 것으로 추정된다.

쇼펜하우어는 후일 베를린대학에 제출한 이력서인 「나의 반생」(1819년)이란 글에서 아버지를 회고하면서 고마움을 표시한다. 그는 자신이 아버지에게 얼마나 많은 신세를 졌는지 이루 말할 수 없을 정도라고 말한다. 부친이 권한 직업이 자신의 정신에는 결코 적합하다고 할 수 없었지만, 어쨌든 부친의 덕택으로 실용적인 지식을 얻을 수 있었고, 학자로서의 교양을 얻는 데 필요한 모든 것, 자신의 목적을 추구하는 데 없어서는 안 되는 모든 수단을 손에 넣을 수 있었다는 것이다. 또한 그는 청장년기에도 부친의 덕택으로 여러 가지 이득을 손에 넣을 수 있었다. 즉, 그는 자유롭게 사용할 수 있는 시간, 그리고 생계를 유지하기 위한 걱정에서 완전히 벗어나 여유를 갖게 된 것이

161 헬렌 짐먼, 쇼펜하우어 평전, 김성균 옮김, 우물이 있는 집, 2016, 172쪽.

다. 그 덕택에 그는 돈벌이와 무관한 학문 연구나 탐구와 명상으로 시간을 보낼 수 있었다. 이 모든 것을 그는 아버지의 덕으로 돌린다.

아버지의 사망 사건으로 쇼펜하우어와 어머니 요한나 사이의 관계는 결정적으로 틀어지기 시작한다. 안 그래도 아들은 어머니의 경박성, 낙천주의, 쾌락주의를 못마땅하게 생각했다. 사실 쇼펜하우어의 어머니는 결혼 전 사랑하는 남자가 있었으나 부모의 강권으로 19세 연상의 부유한 남편과 결혼했다. 결혼하고 몇 년 지난 후 요한나는 '돈과 명성, 지위 때문에 결혼하면 혹독한 대가를 치른다'라고 젊은 여자들에게 이야기하기도 했다. 열아홉 살의 나이 차가 나는 쇼펜하우어 부모는 애정 없는 결혼 생활을 했다. 쇼펜하우어는 '아버지가 고독하게 지내는 동안 어머니는 연회를 베풀었고, 아버지가 병석에 누워 극심한 고통으로 괴로워하는 동안 어머니는 즐겁게 지냈다'라며 아버지를 소홀히 대하는 어머니의 태도를 신랄하게 비판했다.

남편이 사망하자 요한나는 1806년 9월 상회를 정리한 뒤 딸 아델레와 함께 바이마르로 이주하고, 쇼펜하우어만 함부르크에 남아 상인 수습을 계속한다. 그해 10월 바이마르에 문학 살롱을 연 요한나 쇼펜하우어는 괴테를 비롯하여 슐레겔 형제, 티크, 빌란트 등의 쟁쟁한 작가들과 친교를 맺고 우정을 나눈다. 1807년 5월에 쇼펜하우어는 어머니의 권유로 상인 수습을 중단한 후 6월 고타에 있는 김나지움에 입학해 라틴어와 그리스어를 배운다. 그는 그 해 12월 교사 슐체C. F. Schulze를 풍자하는 시를 썼다가 질책을 들은 후 김나지움을 그만두고 바이마르로 이사하지만 어머니, 여동생과 함께 살지 않고 다른 집에서 혼자 하숙 생활을 한다. 이때 바이마르의 아우구스트 대공의 애첩인 배우 겸 가수인 카롤리네 야게만을 짝사랑하게 된다. 어느 날 그는 모친에게 이렇게 말하기도 한다.

"설령 그녀가 길거리를 전전하며 구걸하는 비천한 여자에 불과했더라도 나는 그녀와 결혼했을 겁니다."[162]

쇼펜하우어는 1809년에 괴팅겐대학교 의학부에 입학하여 한 학기동안 의학과 자연과학을 공부하지만 차츰 철학에 더 흥미를 느낀다. 대학에서 그는 화학, 물리학, 천문학, 수학, 언어학, 법학, 역사 등 여러 강의에 적극 참여해서 열심히 공부한다. 그는 강의에 대한 개인적인 감상문과 논평을 많이 썼으며 몇몇 교수들의 의견을 비판하고 논리적으로 반박하는 발언을 서슴지 않는다. 1810년 고틀로프 슐체Gottlob Ernst Schulze의 강의를 들었는데, 그 철학자는 쇼펜하우어에게 플라톤과 칸트를 깊이 연구해보라는 조언을 한다. 스승 슐체의 진지한 조언으로 쇼펜하우어는 플라톤, 칸트, 셸링의 저서를 읽는다. 결국 쇼펜하우어는 제대로 철학을 공부하기로 마음먹고 가을에 신생 베를린대학교로 전학한다. 베를린대학교에서 그는 여러 자연과학 강의를 들었고, 피히테, 슐라이어마허의 강의도 들었다. 당대의 유명 학자였던 셸링, 피히테의 사상을 공부했으나 회의를 품고 이들을 혐오하게 된다. 반면에 고전학자 프리드리히 볼프가 주도하는 고대 그리스 역사와 철학 강의에 쇼펜하우어는 존경심을 표한다.

1812년에는 플라톤, 칸트 등 여러 사상가를 본격적으로 탐구하는 동시에 베이컨, 존 로크, 데이비드 흄 등의 영국 사상가를 깊이 연구

162 같은 책, 105쪽.

한다. 슐라이어마허의 강의를 열심히 들었지만 종교와 철학의 합일을 주장한 그에게 커다란 감명을 받지 못한다. 1813년에 프랑스와 프로이센 간에 전쟁이 재발하자 쇼펜하우어는 베를린을 떠나 바이마르에 잠시 머물다가 어머니와 크게 다툰 뒤 조용한 소도시 루돌슈타트에 가서 학위 논문 「충분 근거율의 네 겹의 뿌리에 대하여」를 완성한다. 이 논문을 예나대학교에 제출하여 철학박사 학위를 받는다. 쇼펜하우어가 괴테에게 이 학위 논문을 증정하자 괴테는 쇼펜하우어를 높이 평가하게 된다. 둘은 수개월 동안 교제하며 색채론에 관해 진지하게 연구하며 열띤 토론을 벌인다.

1814년에는 드레스덴으로 가서 『의지와 표상으로서의 세계』를 구상하고 집필한다. 1818년 12월에 쇼펜하우어는 4년 내내 준비한 주저 『의지와 표상으로서의 세계』를 출간했는데, 나중에 그 자신에 의해 방대한 작품으로 늘어나게 되었다. '새벽 별'로서 '유령들'을 몰아내고 '대낮'을 알리고자 했던 쇼펜하우어의 염원은 곧바로 이루어지지 않았다. 그의 철학은 기존의 학계에서 환영받지 못했다. 1844년 『의지와 표상으로서의 세계』의 재판에는 속편이 더 추가되었지만, 그래도 그는 세상의 인정을 받지 못하고 몰이해를 감내해야 했다. 그가 '멍청한 세상 사람들의 저항'이라 불렀던 것을 깨부술 수 없었던 것이다.

그는 1818년 말 저서를 완성한 뒤 이탈리아 여행을 떠났다가 돌아와 베를린대학교 철학과에 강사직에 지원한다. 그러나 헤겔의 강의와 같은 시간대에 강의하게 해달라고 요청하는 바람에 수강생이 적어서 한 학기 만에 강의가 끝나고 만다. 그러자 1822년 5월 두 번째로 밀라노, 피렌체, 베네치아로 여행을 떠나 이탈리아의 문화, 예술, 환경을 경험하고 배운다. 1825년 4월 베를린으로 돌아와 다시 한 번 강의를

시도하지만 실패하자, 그는 우울한 나날을 보내며 스페인어 공부에
매진한다.

1831년 콜레라가 베를린에 창궐하자 그곳을 떠나 프랑크푸르트로
피신해 발타자르 그라시안의 저서 『세상을 보는 지혜』를 번역한다.
1831년 7월에는 만하임으로 가서 다음 해 1832년 6월까지 머무른다.
7월에 프랑크푸르트에 돌아온 쇼펜하우어는 평생 그곳에 거주한다.
그는 항상 유행이 지난 옷을 입고 다녔고, 애완견 푸들을 데리고 정
해진 시간에 속보로 산책을 했으며, 혼잣말로 이상한 소리를 하기도
하여 주민들의 진기한 구경거리가 된다.

그러다가 6년에 걸친 작업 끝에 1851년 11월 『의지와 표상으로서의
세계』의 '부록' 격인 『소품과 부록Parerga und Paralipomena』(한국에서는
『쇼펜하우어의 행복론과 인생론』『쇼펜하우어 문장론』 등으로 출간)이 발간
되었다. 이 책에 수록된 '삶의 지혜에 대한 잠언'으로 그는 출판사의
부정적인 예상과는 달리 뒤늦은 성공을 거두고 행복한 만년을 보냈
다. 이 에세이집은 얼마 안 가 쇼펜하우어의 책 중에서 가장 인기를
끌면서 많이 팔려나갔다. 그 결과 사람들은 그동안 오랫동안 무시하
며 거들떠보지도 않은 『의지와 표상으로서의 세계』에도 새삼 관심을
보이게 된다. 늦게나마 쇼펜하우어와 그의 철학에 관심을 기울이는
사람들이 하나둘 생겨난 것이다. 초판이 나온 지 무려 33년이 지나고
나서였다. 1853년에는 영국의 독일어 번역가인 존 옥슨포드가 〈웨스
트 민스터 리뷰〉에 '독일 철학에 내재된 우상 파괴주의'라는 제목으
로 쇼펜하우어의 사상을 최초로 영국에 알리면서 그의 철학이 차츰
전 유럽으로 퍼져나간다. 그리하여 1859년에 발간된 『의지와 표상으
로서의 세계』 제3판의 머리말에는 그의 득의만만한 승리감이 표출되

어 있다. 폐렴 증상을 겪은 쇼펜하우어는 1860년 9월 21일 아침 프랑크푸르트 자택에서 소파에 기댄 채 조용히 숨을 거두었다.

한편 1848년 독일의 민주화가 좌절된 후 청년 독일파 시인 헤어베그의 소개로 1854년 처음 쇼펜하우어의 저서를 접한 바그너는 그의 의지 철학에 흠뻑 빠지게 된다. 그리하여 쇼펜하우어를 존경하게 된 그는 오페라 「니벨룽의 반지」를 쇼펜하우어에게 헌정했고, 바그너가 트립셴에 거주하던 시절 그와 변치 않는 '별의 우정'을 맺었던 니체는 쇼펜하우어를 읽었기 때문에 철학자가 될 결심을 했다. 21세의 대학생 니체는 1865년 10월 라이프치히의 한 고서점에서 두 권으로 된 『의지와 표상으로서의 세계』를 발견하고, 마치 악마가 그의 귀에다 대고 '이 책을 사 가지고 돌아가라'고 속삭였는지 무언가에 홀린 듯 그 책을 구입하고는 2주일 동안 그 책에 푹 빠져 지낸다. 새벽 여섯 시에 일어나 밤 두 시까지 읽으면서 한동안 이 책에 열광한다. 프로이트의 무의식, 이드 개념도 쇼펜하우어의 의지 개념에서 나왔다. 또한 비트겐슈타인은 쇼펜하우어의 철학을 바탕으로 언어에 대한 독자적인 사유를 시작하며 분석철학을 개척했고, 아인슈타인은 쇼펜하우어의 저서를 읽고 상상력의 나래를 펴게 되어 상대성이론을 낳게 되었다.

2. 논쟁의 달인 쇼펜하우어

알렉산더 대왕은 그리스를 정복하고 페르시아를 치러 가는 길에 디오게네스를 방문했다. 자신이 알렉산더 대왕이라고 하자 디오게네스는 '나는 디오게네스, 개요'라고 답한다. 그러자 살짝 열 받은 알렉산더 대왕은 길바닥 걸인에게 자신이 무섭지 않냐며 위협한다. 황제의 위협에 디오게네스는 그에게 나쁜 사람인지 좋은 사람인지 묻는다. 대왕이 자신은 좋은 사람이라고 하자 디오게네스는 좋은 사람을 자신이 왜 두려워해야 하느냐고 반문한다.

디오게네스의 논리적인 변증술에 한 방 먹은 대왕은 이번에는 그가 원하는 것을 말하면 뭐든지 들어주겠다고 회유한다. 그러자 디오게네스는 '내가 원하는 것은 햇볕, 그것뿐이오.'라고 대답했다. 자신이 누리는 햇볕을 가리지 말라는 뜻이리라. 이 말에 찔끔한 알렉산더는 '내가 알렉산더가 아니면 디오게네스가 되었을 것이다.'라는 말을 남기며 총총히 원정길을 떠났다고 한다.

아버지로부터 불안증을 물려받은 쇼펜하우어는 그것에 맞서기 위해 온갖 의지력을 동원해야 했다. 쇼펜하우어는 기가 센 사람으로 정신력뿐만 아니라 체력도 남달랐다. 그는 대식가이기도 했다. 그가 많은 양의 식사를 하는 것을 보고 어떤 장교가 놀라워하자, 그는 자신이 여러 사람 몫의 사유를 하기도 한다고 맞받아친다. 사립 상업학교 시절 쇼펜하우어는 주먹 다툼을 하기도 했는데, 완력에서도 그는 친구들에게 밀리지 않았다고 한다.

세상에 대한 불평불만이 많았던 쇼펜하우어는 청소년 시절 어머니와 걸핏하면 다투기 일쑤였다. 고타의 김나지움 시절 어머니 요한나는 연신 불만을 터뜨리는 쇼펜하우어에게 이렇게 경고한다. "내가 저녁마다 문학 작품이나 황제의 수염을 놓고 옥신각신 다투지 않아도 되게 논쟁의 정신은 놔두고 유머를 챙겨오너라."

쇼펜하우어는 김나지움 시절 교사에 대한 농담을 하다가 불운한 일을 겪는다. 그 학교에 슐체라는 교사가 있었는데, 그는 쇼펜하우어가 수업을 듣는 독일어 클래스에 대해 신문에 오만한 내용의 논설을 실었다. 쇼펜하우어는 식탁에서 잡담을 할 때 이 기사를 익살까지 섞어가며 반박했다. 그리고 그 교사를 비방하는 시를 쓰기도 썼다. 이와 같은 그의 대담한 행동이 슐체에게 즉시 밀고되는 바람에, 그는 1학기가 끝나자 그 학교를 그만두고 바이마르로 떠나야 했다.

그즈음 어머니는 쇼펜하우어에게 자신의 모임에 있는 동안 짜증스러운 논쟁을 벌이지 말라고 세계가 어리석다거나 인간이 얼마나 비참한지 한탄하지 말라고 주의를 준다. 그녀는 아들의 논쟁과 한탄 덕에 잠을 설치고 악몽을 꾸며 제대로 잠을 못 이룬다고 하소연하기도 한다. 어머니는 '멍청한 세상과 인간의 고통에 대해 끊임없이 한탄해대는' 김나지움 학생 쇼펜하우어를 더 이상 견딜 수 없었다. 연회에 참석한 거물급 손님들과 벌이는 '진저리나게 언짢은 논쟁'은 어머니를 조마조마하게 했고, 아들은 결국 어머니에겐 '언짢은 밤과 악몽을 가져다주는 자식'일 뿐이었다.

괴팅겐대학교에 다니던 시절 쇼펜하우어는 지인들 사이에서 벌어지는 논쟁에서 이따금 무례하게 군다. 후일 교황청에서 프로이센을 대표하게 될 동급생 폰 분젠[163]은 "그는 거칠고 무뚝뚝하게 논쟁을 한다. 그의 어조는 생긴 것처럼 고집스럽다. 그는 열을 올려 혹평을 하며, 모순된 주장을 끔찍하게 생각한다."[164]고 평한다. 그러나 쇼펜하우어는 괴팅겐에서는 사람들이 어머니의 집에서와는 달리 자신의 말을 경청한다고 긍정적으로 해석한다. 그곳에서는 그의 논쟁의 정신에 제한이 가해지지 않으며 그가 하는 말이 옳다고 여겨진다는 것이다.

쇼펜하우어는 괴팅겐대학교에서 베를린대학교로 옮긴다. 그를 베를

---

163 폰 분젠(Christian Karl Josias von Bunsen, 1791~1860): 독일의 외교관 겸 학자. 그는 1808년 마르부르크대학교에 입학한 뒤 1809년 괴팅겐대학교로 옮겼다.
164 뤼디거 자프란스키, 쇼펜하우어 전기, 정상원 옮김, 꿈결, 2018, 198쪽.

린으로 끌어들인 것은 피히테와 슐라이어마허의 명성이었다. 그러나 피히테와 슐라이어마허 강의는 쇼펜하우어의 기대에 미치지 못했다. 피히테의 강의에서 철학의 진수를 발견하리라고 기대했지만, 미리 김 칫국을 마신 것 같은 존경심은 금세 경멸감과 비웃음으로 바뀌었다. 피히테가 빠져든 신비주의적인 궤변 습관과 거만하고 상투적인 강의 습관은 명쾌하고 논리적인 것을 애호하는 쇼펜하우어의 반발심을 초래했다. 그는 토론시간에 피히테의 공식견해들을 신랄하게 논박하기까지 했다.

그래도 그는 피히테의 철학 강의를 올바로 평가하기 위해 열심히 듣기로 한다. 언젠가 피히테가 청강생 일동을 위해 개최한 토론회에 참석하여 장시간 그와 논쟁을 하기도 했다. 쇼펜하우어는 토론에서 신랄하게 비꼬는 식으로 논박해서 무례한 자라는 오명을 받자, '물질 가치와 예절 가치는 반비례한다'고 주장하기도 한다. 쇼펜하우어는 철학자라는 직함에 어울리지 않게 무식하다고 피히테를 일갈한다. 피히테는 천재성과 광기는 서로 거의 무관해서 명백하게 다른 것으로 간주될 수 있기 때문에 천재성은 신적인 것으로 정의되는 반면, 광기는 동물적인 것으로 간주될 수 있다고 주장했다. 이에 대해 쇼펜하우어는 자신은 '광기는 동물적인 것'이라고 생각하지 않으며, '건전한 이성은 광기와 천재성의 중도를 걷는다'고 생각하지도 않는다고 반박한다. 그러면서 아리스토텔레스가 '광기는 위대한 천재의 필수요건이다'라고 말했다는 세네카의 기록을 원용한다. 건강한 지성인은 (시간, 공간, 정의된 개념들로 구성되는) '생각과 의식'이라는 조건들에 확고히 감싸여 있어, 그런 조건들은 그의 몸에 꼭 맞게 재단된 옷처럼 그를 알맞게 감싸준다는 것이다.

반면 그는 천재란 한정될 수 없는 초월적 능력을 지닌 덕분에 경험의 속박을 받는 한계들을 꿰뚫어 보고, 그렇게 획득한 자신의 지식을 전파하는 활동에 일생을 바치며, 그런 지식대로 행동한다고 주장한다. 한편 그는 천재성이 광기를 닮는 경우도 드물지 않다고 언급한다. 셰익스피어의 리어왕이 천재성과 결합한 광기의 대표자라면 괴테의 타소는 광기와 결합한 천재성의 대표자라는 것이다. 백치는 너무 왜소하게 쪼그라들어서 어떤 기성복도 그가 입으면 너무 커지는 반면, 처세가의 옷은 자기 손에 들어맞는 장갑처럼 자기 몸에도 꼭 들어맞는 법이다.

쇼펜하우어는 철학자 슐라이어마허에게도 관심을 가졌지만 곧 실망하고 만다. '철학과 종교는 신에 관한 지식을 공유한다', '철학과 종교는 분리되어 존재할 수 없다'는 슐라이어마허의 주장이 마음에 들지 않았기 때문이다. 철학과 종교가 신에 대한 지식을 공유한다면, 철학은 먼저 신의 개념을 전제로 삼아야 하는데, 철학이 발달하면 이제 그러한 신의 개념을 공평하게 받아들이거나 부정해야만 하기 때문이다. 또한 쇼펜하우어는 종교인은 철학을 요구하지 않기 때문에 결코 철학에 도달하지 못한다고 주장한다. 진실로 철학하는 사람은 결코 종교인이 아니고, 진정한 철학자는 누구의 안내도 받지 않고 독립적인 길을 걷기 때문이다. 그의 진로는 위험하지만 자유롭다는 것이다.

쇼펜하우어는 베를린 대학교수들의 주장들을 정확하고 명료한 언어로써, 그리고 이따금 세련되게 비판하기보다는 오히려 매우 신랄하게 비꼬는 식으로 서슴없이 논박한다. 그렇게 강렬한 표현들을 채택하는 쇼펜하우어의 발언 습관은 나이가 들수록 점점 더 심해졌다. 근엄하게 진행되는 토론에서 험담들로 오인되기 쉬운 언어 무기들을 그렇게 서툴게 휘둘러대는 행위는 유식한 독일인에게는 매우 불명예스러운 언동으로 여겨진다. 반면 쇼펜하우어가 선호한 교수는 헬레니즘 학자 겸 비평가인 프리드리히 볼프[165]였다. 그의 필기 첩에는 볼프 교수의 강의들을 칭찬하는 의견들이 가득하다. 고대 세계를 완전히 새롭게 조명하는 놀라운 이론들을 정립한 볼프의 강의는 쇼펜하우어에게 논쟁적 글쓰기와 세련된 아이러니의 모범으로 간주되었다.

쇼펜하우어의 어머니는 아들이 마음에 들지 않았기 때문에 아들의 노작勞作도 달가워하지 않았다. 문필가의 재능과 허영이 만만치 않았던 요한나는 아들의 재능을 '인정'하지 않았던 것으로 보인다. 그녀는 한 집안에 두 명의 천재가 있을 수 없다고 생각했다. 「충분 근거율의 네 겹의 뿌리에 대하여」라는 학위 논문 제목을 두고도 두 사람 간에 말싸움이 벌어진다. 1814년 4월 10일에 벌어진 일화이다.

"네 겹의 뿌리라니, 약제사를 위한 책인가 보구나."

"어머니가 쓴 책들이 헌책방에서도 찾아볼 수 없게 되더라도 제 책은 읽힐 겁니다."

"네가 쓴 책은 하나도 안 팔릴 거다."

두 사람이 서로에게 한 악담은 말 그대로 실현되었다. 하지만 세월이 흐르면서 인기작가 어머니의 명성은 희미해졌고, 그녀의 저서들과 여행기도 잊혀버렸다. 그녀가 당시 가장 유명한 여류작가였다는 사실을 아는 사람은 지금 거의 없다. 또한 어머니가 돈을 아껴 쓰지 않았기에, 쇼펜하우어는 자신에게 상속될 재산을 어머니가 탕진할까 봐

---

[165] 프리드리히 볼프(Friedrich August Wolf, 1768~1824): 독일의 고전 문헌학자·헬레니즘 학자 겸 비평가.

노심초사했다. 그런 두려움 때문에 둘 사이에 맹렬한 언쟁이 벌어졌다. 그래서 둘은 서로를 지독하게 증오하는 감정만 품은 채 끝내 헤어지고 말았다.

괴테는 쇼펜하우어를 굉장한 두뇌의 소유자라고 호평했지만, 39세 연하인 그를 그다지 편하게 대할 수 있는 상대로 느끼지는 않았다. 쇼펜하우어의 까다롭고 침울한 관점이 괴테의 명랑한 천성에 거슬렸기 때문이리라. 아마도 비판적인 언사를 신랄히 구사하는 데다가 단정 짓기를 좋아하는 쇼펜하우어는 괴테에게 호감을 주지 못했을 것이다.

괴테는 쇼펜하우어와 헤어질 즈음 '그대가 인생을 즐기려면/ 세계에 가치를 부여해야 하리라'라는 시구를 쇼펜하우어의 사진첩에 써 주었다. 쇼펜하우어는 이 문구 옆에 '사람들을 바꾸기보다는 그냥 내버려 두는 편이 낫다'는 샹포르라는 작가가 한 말을 인용하여 쓰고, '위대한 자아보다 더 풍요로운 것은 없다'는 의견을 덧붙여 썼다. 그런데 두 사람 모두 위대한 자아주의자란 점은 공통점이다. 그러나 쇼펜하우어는 괴테의 견고한 현실주의를 불만스럽게 느꼈다. 사건과 사물을 오직 현실주의의 관점으로 바라보는 태도만 용납하는 괴테의 현실주의 때문에 두 사람은 우호적인 대화를 나누었지만 견해 차이는 좁혀지지 않았다.

소홀해진 어머니와의 관계에서 칭찬 받지 못한 쇼펜하우어였다. 괴테에게서는 아버지 같은 사랑을 갈구했으나 괴테 역시 쇼펜하우어를 인정하는 데 소홀히 했다. 괴테는 쇼펜하우어가 자신의 비서 역할을 하며 자신을 돕기를 바랐지만, 색채론에 관해 자신과 논쟁을 벌이며 그러지 않았기 때문에 쇼펜하우어가 그의 눈 밖에 났다고도 할 수 있다. 점차 삶의 분노는 그 자신을 향하게 되고 큰 아픔 속에서 삶에의 의지라는 '더 나은 인식'이 태어나게 된다.

괴테는 후일 자신의 『일기와 연감』에서 이렇게 회상한다. "쇼펜하우어 박사는 내게 좋은 친구가 되었다. 우리는 많은 것을 토론했고, 의견을 공유했다. 하지만 결국은 어쩔 수 없이 사이가 틀어지는 것을 피할 수는 없었다. 두 친구가 지금껏 같은 길을 걷다가 이별의 악수를 나누고 한 명은 북쪽으로 다른 한 명은 남쪽으로 가는 순간 둘은 금세 상대의 시야에서 사라지는 것과 같은 이치이다."[166]

사실상 이 말은 절교 선언이나 마찬가지이다. 그리하여 쇼펜하우어는 체념하는 심정으로 1814년 5월 드레스덴으로 거처를 옮긴다. 적당한 체념은 살아가는 데 어느 정도 필요할 수 있다. 그것은 인생이라는 여행에서 없어서는 안 되는 필수요소인 것이다. 여행자는 더 빨리 체념할수록 여행의 나머지 일정을 더 편안하게 즐길 수 있다. 자신의 행동방식과 사고방식, 자신의 능력과 재능을 자연법칙처럼 확고부동한 것으로 여겨서 철저하게 고수하는 인간은 타인이 그를 아무리 변화시키려 해도 변하지 않는다. 우리는 '타인을 변화시켜 우리의 바람대로 만들려는 시도'들을 멈추어야 한다. 그런 만큼 상대방을 대할 때 어느 정도 간격을 유지하는 게 필요하다. 인간은 객관적인 존재가 아니라 처음부터 끝까지 주관적 존재이다. 가는 말이 고와야 오는 말도 곱다는 속담이 있듯이, 내가 상대방을 친절히 대해야만 그 사람도 나를 친절하게 대하는 법이다.

쇼펜하우어는 『의지와 표상으로서의 세계』를 쓰고 철학계의 기린

---

166 쇼펜하우어 전기, 360쪽에서 재인용.

아가 될 것으로 기대했지만, 그의 저서에 관심을 보이는 사람은 아무도 없었다. 철학자들의 침묵과 무관심은 철저한 무시나 다름없었다. 쇼펜하우어는 그들이 자신에게 맞서 쉽사리 논쟁을 벌이고 논박할 수 없었기에 그런다고 간주했다. 그 책의 부록인 『칸트 철학 비판』에서도 그는 자신이 존경하는 스승 칸트의 약점과 잘못을 들추며 적대적인 태도를 취한다. 그러면서 그는 칸트에 대한 가차 없는 섬멸전을 벌이고자 한다고 피력한다.

쇼펜하우어에게는 마음껏 논쟁할 수 있는 곳이 매력적이었다. 그가 드레스덴에서 그곳 명사들과 정기적으로 언쟁을 벌일 때면 사람들은 항상 청중이 되어서 즐겼다. 그는 상대방을 기죽이려는 듯 빈정대는 투로 말하고 거만하게 지식을 과시하기 일쑤였지만 이상하게도 문인들 사이에서는 인기를 얻었다고 한다. 비판적인 논쟁에서 발군의 총기를 보이는 쇼펜하우어는 경탄과 두려움의 대상이었다. 그는 숨기는 것 없이 너무도 솔직하게 자기 생각을 신랄하고도 노골적으로 피력했다. 그는 친구에게든 적에게든 모든 것을 그대로 지적해야 직성이 풀렸다. 그는 지독히 신랄한 조롱을 퍼부어서 분위기를 망쳤고, 거리낌 없이 아슬아슬한 유머를 펼쳤다. 그러면서도 그는 위트를 즐겼고 때로는 유머가 넘치는 무뢰한이었다. 그가 셰익스피어와 괴테의 무척 난삽한 부분들을 인용하며 상대를 공격하는 바람에 논쟁 상대방은 무참히 패배할 수밖에 없었다.

이처럼 쇼펜하우어는 사람들과 논쟁을 벌이면서 해박한 지식과 직설적인 공격으로 상대방을 묵사발로 만들고 깔아뭉개는 것이 다반사였다. 그는 '사기꾼들이나 겸손하다'는 괴테의 말이나 '거짓 겸손은 오히려 신뢰를 얻지 못한다'는 코르네유의 말을 들며, '겸손해라! 제발!'

이라고 외치는 자들은 사기꾼이며 공적이 없는 자연의 대량 생산품이라고 주장한다. 27세의 쇼펜하우어는 이미 1815년 9월 3일 자의 편지에서 올림포스의 주피터 신과 같은 존재였던 66세의 괴테를 내려다보는 태도를 취한다. 그가 문학 활동은 늘 부차적인 것으로 여기고 실제의 삶을 가장 중요하게 여겼다고 하자, 자신에게는 자기의 생각과 글이 가치 있고 중요하고, 개인적으로 경험하는 것들은 부차적인 것에 불과하다고 말한다.

이탈리아 여행을 마치고 쇼펜하우어는 다시 괴테를 찾아간다. 1819년 8월 19일 『일기와 연감』에서 괴테는 쇼펜하우어 박사가 사귀기 힘든 사람이라서 오해를 많이 받긴 하지만 칭찬받을 만한 젊은이라고 밝힌다. 그는 쇼펜하우어의 방문으로 자극을 받았고, 두 사람은 서로 많은 것을 배웠다고 술회한다. 그러나 이 말에는 아이러니가 없지 않다. 실은 괴테가 쇼펜하우어한테서 등을 돌린 발언으로 보인다.

쇼펜하우어는 동기Motiv라는 개념을 놓고 헤겔과 사소한 논쟁을 벌였는데 그는 자신이 자연과학 분야에서 아는 것이 더 많다는 것을 입증한다. 헤겔은 혁명이 있었기에 근대철학, 특히 자신의 철학이 태어날 수 있었다고 털어놓는다. 그에게 혁명은 장엄한 일출이며 자유의 정수를 발견하는 엄청난 이벤트였다. 그런데 그는 개인이나 사회집단이 혁명적 행동을 하는 것은 비난하면서도 세계정신의 심장 속으로 혁명의 맥박을 집어넣는다.

쇼펜하우어의 주저를 그나마 언급하고 긍정적으로 평하는 사람은 낭만주의 작가 장 파울 정도 밖에 없었다. 1824년 장 파울은 『미학 입문에 붙이는 조그만 글Kleine Nachschule zur ästhetischen Vorschule』에서 쇼펜하우어의 『의지와 표상으로서의 세계』를 독창적인 철학서라고 추켜세운 뒤 '대담하고 다층적多層的인 데다가 예리함과 깊이로 가득하다'고 평가하면서도, 그 저서를 "그저 칭찬할 뿐 그 책과 견해를 같이하지는 않는다"[167]고 말한다.

1824년에서 1825년으로 넘어가는 겨울에 괴짜 쇼펜하우어는 드레스덴의 낭만주의자 루트비히 티크의 집에서 갖가지 철학 체계에 대해 토론을 벌였다. 그러다가 종교에 관해 논쟁을 벌이게 되었다. 그 자리에 있었던 카를 폰 홀타이의 술회에 따르면 낭만파 작가 티크가 신을 거론하자 쇼펜하우어는 벌에 쏘인 듯 벌떡 일어나서는 팽이처럼 뱅글뱅글 돌면서 이렇게 말했다고 한다. "그는 여러 번 기분 나쁘게 '뭐라고요? 선생님은 신이 필요하십니까?'라는 말을 반복했다."[168] 티크로서는 죽을 때까지 결코 잊을 수 없는 말이었다.

이러한 논쟁의 달인 쇼펜하우어도 소송에 패하는 일이 벌어진다. 1821년 8월 어느 날이었다. 자신의 곁방에서 재봉사인 카롤리네 루이제 마르케가 친구들과 시끄럽게 커피 파티를 열었다. 그러자 쇼펜하우어는 마르케를 방 밖으로 끌어내고 내동댕이쳐 노파의 오른팔을 다치게 했다. 쇼펜하우어는 소음에 대해 극도로 예민한 귀를 가지고 있었기 때문이다. 그래서 1827년 5월까지 둘 사이에 소송이 벌어졌는데 쇼펜하우어는 결국 재판에서 지고 말았다. 그래서 쇼펜하우어는 노파가 죽을 때까지 그녀의 생계비를 부담해야 했다. 생명력이 강한 그녀는 베를린에서 창궐한 콜레라에 걸려서도 죽지 않고 살아남았다. 1842년 마침내 노파가 사망하자 한시름 놓은 쇼펜하우어는 사

---

167 같은 책, 522쪽.
168 같은 책, 523쪽.

망증명서 여백에 '노파가 사라져서 부담도 사라졌다obit anus, obit onus'라고 운을 맞춰 재기 있게 적어놓았다.

쇼펜하우어는 콜레라가 베를린에서 기승을 부리던 1831년 어떤 꿈을 꾸었는데 어릴 때 죽은 친구의 모습을 꿈에서 보고 도피하지 않으면 죽을 것이라는 경고로 받아들인다. 그래서 베를린에 그대로 머무르다 목숨을 잃은 헤겔과는 달리 그는 '콜레라가 발생하지 않는다'는 소문이 돈 프랑크푸르트로 대피해 그곳에서 겨울을 보낸다. 전염병에 맹목적이고 과민한 공포심을 지녔던 그는 상상력 때문에 그런 두려움이 더욱 증폭되었다. 그는 프랑크푸르트에 도착하고 얼마 되지 않은 1831년 9월 부모님 꿈을 꾼 후 앓아눕게 되고 힘겹게 겨울을 보낸다. 쇼펜하우어의 변증술 유고는 이즈음 완성된 것으로 보인다. 그는 첫 두 달간 집에서 나가지 않고 두문불출하며 침울하고 냉소적인 기분에 시달렸다. 그러자 주치의의 지시로 1832년 7월부터 1833년 6월까지 만하임에 체류한 후 프랑크푸르트에 다시 돌아와 그곳에 최종적으로 정착하게 된다.

프랑크푸르트에서는 음악저술가 폰 바르텐제Xaver Schnider von Wartensee와 음악을 주제로 논쟁이 벌어졌다. 마침 웨이터가 소고기가 든 접시를 들고 쇼펜하우어 옆에 서서 그가 요리를 들기를 기다리고 있었다. 그는 논쟁에 열을 올린 나머지 이를 알아채지 못했다. 그래서 바르텐제가 이렇게 말했다. "당신이 '선험적으로a priori' 덜어 드시면 제가 '후험적으로a posteori' 덜어 먹겠습니다." 이 표현에 격분한 쇼펜하우어는 경멸하듯 그에게 소리를 질렀다. "당신은 방금 신성한 표현을 세속적으로 격하시켜 사용했습니다. 있을 수 없는 일입니다. 그 표현들이 얼마나 중요한지 당신은 모르십니다."[169] 이 순간부터 쇼펜하우어는 폰 바르텐제와 말 한마디 나누지 않으며 식탁 다른 편으로 자리를 옮긴다. 그런 '무식한 사람들'의 방해를 받고 싶지 않아서였다.

이 책의 대본인 쇼펜하우어의 유고는 1830년대 초에 쓰였고, 『소품과 부록』은 1851년에 발간되었다. 그러니 유고와 『소품과 부록』에 실린 「논리학과 변증술에 대하여Zur Logik und Dialektik」는 시간적으로 20여 년의 차이가 있다. 「논리학과 변증술에 대하여」에서 그는 논쟁에서 이기는 38가지 전체 요령을 밝히는 대신 몇 가지만 표본으로 소개한다고 말하면서 그 이유를 밝히고 있다.

"그렇지만 지금 이전에 쓴 글의 수정 작업을 하면서, 나는 비열한 인간 본성이 그 부족함을 은폐하기 위해 이용하는 그러한 부정한 수단과 술수의 면밀하고 상세한 고찰이 더 이상 나의 기질에 맞지 않음을 발견하고, 그 같은 고찰을 그만두기로 한다."

60대 초가 되어 생각해보니 40대 초에 쓴 '부정한 수단과 술수의 면밀하고 상세한 고찰'이 자신의 기질에 맞지 않는다는 것이다. 또한 프랑크푸르트에서는 혼자 은둔해서 살면서 다른 사람들과 논쟁을 벌일 기회도 별로 없었다. 게다가 그가 기록한 술수들은 지금의 논리학에서 대체로 오류로 취급받는 것들이다. 그러니 이제 나이도 들고 하

---

169 같은 책, 539쪽.

니 그런 비열한 방법을 사람들에게 알리고 싶지 않았을 것이다. 그러면서 그는 앞으로 자신과 같은 종류의 일을 시도할 생각이 들지도 모르는 사람들에게 그 사안을 다루는 자신의 방식을 보다 자세히 설명하기 위해, 몇 가지 전략Strategem을 표본으로서 여기에 소개한다고 밝힌다. 그리고 논쟁의 일목요연함과 명료성 때문에 그 글의 개요를 기록해 둘 가치가 있으리라 생각된다는 것이다.

쇼펜하우어는 그 유고에서 '확대하기', '억지 결론으로 이끄는 '그릇된 삼단논법'을 적용하라', '화제를 다른 데로 돌려라'라는 세 가지 전략을 견본으로서 제시하고 있다.

'확대하기'란 상대가 내세운 전제를 확대해석하라는 말이다. 외국인 노동자가 차별대우를 받는다는 주장에 대해서는 "우리 사회가 외국인을 불평등하게 대우한다는 말씀이신데……."라고 확대해석한 다음 반대 사례를 들어 몰아붙이라는 것이다. '그릇된 삼단논법'을 적용하라는 술수는 상대방이 내세운 어떤 명제에 그냥 암묵적으로 주제나 술어 면에서 그의 명제와 유사한 두 번째 명제를 덧붙이는 방법이다. 이 두 개의 명제로부터 이제 참이 아닌, 대체로 악의적인 결론을 이끌어 내어 상대방에게 잘못을 뒤집어씌우면 된다. 그리고 말다툼에서 불리한 경우 화제를 다른 데로 돌림으로써 위기에서 빠져나오려고 하는 경우가 허다하다. 이것은 논리학 개념을 모르는 사람이라도 일상생활에서 흔히 쓰고 있는 술수이다. 그러면 상대방은 예상되는 승리를 눈앞에 두고 이쪽으로 관심을 돌릴 수밖에 없게 된다. 이처럼 화제의 전환은 정직하지 않은 논쟁자들이 대체로 본능적으로 이용하는 요령 중에서 가장 많이 사용되는 기술이다. 그리고 그들이 난관에 봉착하자마자 거의 불가피하게 선택하는 수단이기도 하다.

그러면서 쇼펜하우어는 오히려 말다툼을 피하기 위해 이런 기술을 참조할 것을 충고한다. 그렇지만 상대방의 논거가 옳아 보이더라도 즉시 포기하지 말 것을 부탁한다. 나중에 가서 우리의 견해가 결국 옳았음이 밝혀질지도 모르기 때문이라는 것이다. 그러니 약점과 우리의 사안에 대한 신뢰의 부족 때문에 우리는 그 순간의 인상에 굴복하지 말 것을 충고한다. 어쨌든 논쟁의 순간에는 진리를 위해서라기보다는 우리의 명제를 위해 싸워야 하기 때문이라는 것이다.

3. 논쟁적 변증술

이제 맹목적인 권위의 시대는 가고 대화와 토론을 통한 설득의 시대가 왔다. 그런데 다양한 매체에서 숱한 말과 영상이 쏟아지면서 거짓 뉴스가 판을 치고 있다. 또한 그러한 거짓 뉴스를 퍼뜨리고 그것을 토대로 상대를 공격하는 일이 빈번하게 벌어지고 있다. 소위 허수아비 때리기 오류이다. 그야말로 참과 거짓을 구별하기 어려운 탈진실 post-truth[170]의 시대다. 그것은 객관적 사실보다 개인적 신념과 감정에 호소하는 것이 대중의 의견을 형성하는 데 더 영향을 끼치는 현상을 말한다. 다들 자기가 보고 싶은 것만 보고 듣고 싶은 것만 들으려 하고 자신의 신념과 가설에 일치하는 정보만 취하려고 한다. 과히 바람직하다고 할 수 없는 경향이다. 그러다 보니 전세계적으로 양극화, 외눈박이 관점, 필터버블[171]과 같은 부정적인 현상이 만연하고 있다. 소

---

170 탈진실(post-truth)은 공중의 의견을 형성하는 데 개인적 신념과 감정에 호소하는 것이 객관적 사실보다 더 큰 영향력을 끼치는 세태를 반영하는 신조어다. 탈진실이라는 단어는 1992년 세르비아계 미국 희곡 작가인 스티브 테쉬가 잡지 '네이션'에 쓴 글에서 처음 사용한 것으로 추정된다.

171 정보를 제공하는 인터넷 검색 업체나 SNS 등이 이용자 맞춤형 정보를 제공하는 과정에서

위 말하는 확증편향에 치우치는 현상이다. 이처럼 토론에서 상대를 설득하려면 사실에 근거한 합당한 논리가 필요하지만 실제로는 확증편향에 치우치거나 거짓 뉴스에 매몰되어 합리적 근거와 논리에서 벗어난 억측과 오류가 만연하고 있다.

설득은 논리라는 나무에서 열리는 달콤한 열매에 불과하다. 논리는 합리적인 정신 활동이기 때문이다. 그래서 플라톤은 감각에 의존하는 에토스와 파토스를 경시하면서 지성에 기반한 로고스를 중시했다. 하지만 토론을 통한 설득에는 객관적 사실이나 논리보다 감정적 호소나 감언이설이 더 효과를 발휘하는 경우가 많다. 아리스토텔레스는 로고스보다 파토스, 파토스보다 에토스가 실생활에서 보다 설득력이 있다고 하면서 변증술과 수사학의 가치를 모두 높게 평가한다. 논리학이란 본래 대화로 상대를 설득하려고 할 때 어떤 일이 일어나는지를 알아보는 학문이다. 논리학이 논증의 타당성만을 검증하는 도구가 되어, 주로 공학에 사용되기 시작한 것은 극히 최근의 일이다. 본래 논리학은 설득을 목적으로 하는 말하기와 글쓰기를 단련하는 뛰어난 도구였다. 아리스토텔레스의 논리학은 점차 진리 확장적 논증에서 진리 보존적 논증으로, 반박할 허점이 있는 논증에서 반박할 허점이 없는 논증으로, 설득력이 낮은 논증에서 설득력이 높은 논증으로 발전해갔다.

독일은 정치교육을 두고 이념 갈등이 심하던 1976년, 좌우 진영을 포괄한 학자와 정치교육 주체들이 소도시 보이텔스바흐에 모여 치열한 토론 끝에 이념과 정권에 치우치지 않는다는 정치교육 대원칙에 합의했다. 이것이 '보이텔스바흐 협약'이다. 거기에는 '논쟁의 투명성

이용자가 특정 정보만 편식하게 되는 현상을 말함.

원칙'을 중요하게 내세운다. 논쟁이 되는 사안은 논쟁 중인 것으로 그대로 소개하라는 것이다. 이는 주요 쟁점과 반대의견을 모두 소개해 의견 차이 자체를 수용하는 태도를 갖추게 하자는 취지였다. 보이텔스바흐 협약은 공식 법규나 지침으로 도입되지 않았지만 독일 정치교육의 헌법처럼 자리매김했고, 이 협약이 흔들린 적이 없었다.

고대 그리스인들은 논리학과 변증론을 동의어로 사용했다. 논리학은 '곰곰 생각하다, 숙고하다, 계산하다'라는 뜻을 지니고 있고, 변증론은 '대화하다'라는 뜻을 지니고 있다. 중세와 근대에도 논리학과 변증론을 동의어로 사용했으며, 이런 경향은 사실 오늘날까지 지속되고 있다. 근대에 들어 특히 칸트는 변증술을 종종 궤변적인 논쟁술로서 나쁜 의미로 사용하곤 했다. 이 때문에 논리학이란 명칭이 둘 중에서 더 나은 것으로 여겨져 선호되었다.

아리스토텔레스는 『변증론』의 서두에서 변증술의 목적을 "우리에게 제기되는 온갖 사안에 대해 통념endoxa으로부터 추론할 수 있는 방법과 우리 자신이 하나의 논의를 유지하려는 경우에 모순되는 그 어떤 것도 말하지 않는 방법을 발견하기 위한 것"[172]이라고 밝히고 있다. 그는 추론을 논증, 변증술적 추론, 논쟁적 추론, 오류 추론 네 가지로 구분한다. 논증은 참된 결론을 이끄는 추론이고, 변증술적 추론은 일반적으로 승인된 견해, 즉 통념으로부터 출발해서 추론하는 것을 말한다. 외견상으로는 통념인 것처럼 보이지만 실상은 그렇지 않은 통념으로부터 출발하는 추론이 논쟁적 추론이다. 반면에 오류 추

---

172 아리스토텔레스, 소피스트적 논박, 김재홍 역, 한길사, 1999, 29~30쪽. 번역은 일부 수정했음.

론은 거짓인 학적擧的 전제, 혹은 외견상으로만 학적 전제에서 이루어지는 추론이다. 논증법은 연역법이라는 의미이고, 변증법은 넓은 의미의 귀납법이라는 뜻이다. 따라서 아리스토텔레스의 『변증론』은 일반인이 상투적으로 사용하는 귀납법을 사례별로 모아, 그것들이 모순되지 않게 쓰일 수 있도록 정리해놓은 것이다. 예를 들면 그것은 '모든 쾌락은 선이다'와 같은 상투적인 주장을 확립하거나 무너뜨리기 위한 논증을 어떻게 구성하는지 알려준다.

아리스토텔레스는 변증술적 논의를 '경쟁하기 위한 것이 아니라 검토와 탐구'를 하기 위한 것이라고 지적하고 있다. 이것은 변증술이 비판적으로 검사하고, 증명하고, 검토하는 것을 목표로 한다는 것을 의미한다. 그러므로 아리스토텔레스의 변증술은 특별한 종류의 지적 토론을 다룬다. 그것은 최고의 진리도 아니고, 일상적인 철학이나 학문도 아니다. 철학이 지식을 추구한다면, 변증술은 아직 참된 지식으로 확정되지 않은 지식을 음미하고 검토함으로써 참된 지식에 도달하게 하는 과정이다. 이는 단지 상대방의 주장을 공격하고 자신의 주장을 옹호하는 기술과 관련해, 그리스인 특유의 경기(경쟁)의 전통을 지적인 수단을 통해 이어 나가는 것으로, 상대방에게 증명 목표를 모르게 하는 은폐를 포함한다.

그러나 토론 경기에서 승리만이 중요한 것은 아니다. 더군다나 부정직하게 성공한 승리는 전혀 중요하지 않다. 경쟁과 승리가 아닌 검토하고 탐구하는 토론을 만들 수 없을까? 어떻게 하면 합리적 근거와 논리, 공정한 규칙을 지키는 토론과 대화가 가능해질까? 이에 대해 가장 먼저 심각하게 고민하고, 그 해법을 찾고자 노력했던 사람들은 기원전 4~6세기의 고대 그리스인들이었다. 아리스토텔레스에게는 변증법이란 진리에 봉사하는 것이므로, 소크라테스나 플라톤과 마찬가지로 아리스토텔레스 역시 변증법을 소피스트들의 거짓 진리와 대비시킨다. 소피스트들은 진리를 희생시켜 이른바 논쟁적 추론의 도움으로 돈을 벌고 명성을 얻기 위한 목적을 추구한다. 논쟁에서 진리에 대한 의무가 보장될 수 없고, 또한 사람들이 변증법을 단지 기술로서 오용할 수 있기 때문에, 변증법은 지적인 민첩성 이외에도 도덕적으로 좋은 소질을 필요로 한다. 변증법가는 진리를 선택하고 허위를 피할 준비를 하고 있어야만 한다.

아리스토텔레스는 '불합리한 것을 내세우지 않고, 충분한 분별력을 갖춘 사람들과만 논쟁하라'고 했다. 이렇게 보면 논쟁할 가치가 있는 사람은 극소수에 불과하다. 쇼펜하우어는 이에 대해 논쟁할 가치가 없는 사람들은 자기가 하고 싶은 대로 말하게 내버려 두라고 조언한다. 검은 위험하지만 그 자체로 선하거나 악하지 않고, 어떻게 쓰느냐에 달렸다. 논쟁술 역시 교활하지만 쓰기에 따라 달라진다.

헬레니즘 시대에는 '논쟁술'이 매우 높게 평가되었다. 그 중심에 선 프로타고라스는 최초이자 가장 유명한 그리스의 소피스트였다. 최초로 '논변 경쟁시험'을 연 그는 수업료를 받고 논쟁술을 가르쳐 커다란 부와 명성을 얻었다. '논쟁적 토론회'라고 이름 지은 논변경시는 두 팀이 하나의 주제를 놓고 공개 토론을 하는 형식으로 진행되었다.

쇼펜하우어가 1830년 초에 완성해놓은 원고가 1864년 그의 제자이자 유저遺著 집행자인 법률가 프라우엔슈테트Julius Frauenstädt 박사에 의해 『논쟁에서 이기는 기술Die Kunst, Recht zu behalten』이라는 제목으로 간행되었다. 쇼펜하우어가 세상을 떠난 지 4년 만에 나온 유고다. 그

후 그리제바흐Eduard Grisebach 박사에 의해 일부 내용이 수정되고 추가된 판본이 새로 발행되었는데, 이 책은 그리제바흐 박사의 판본을 대본으로 삼았다. 유고에 실린 내용 중 일부는 아리스토텔레스의 『변증론』과 『소피스트적 논박』[173]에서 가져왔고, 나머지는 자신이 스스로 개발했다. 쇼펜하우어는 우리가 이런 기술을 익혀야 하는 이유를 '논쟁적 변증술이란 무엇인가?'에서 이렇게 말한다.

"객관적으로 보았을 때 상대방의 주장이 옳지 않은데도 옳은 것으로 보이는 현상이 일어난다. 어째서 이런 일이 일어나는가? 이는 인간 본성의 사악함 때문이다. 인간에게 이런 사악함이 없다면, 즉 인간이 근본적으로 정직하다면 우리는 모든 논쟁에서 진리를 밝혀내는 데만 집중할 것이며, 그러한 진리가 우리가 처음에 제기한 견해와 상대방의 견해 중 어느 쪽의 견해를 위해 존재하는지에는 조금도 신경 쓰지 않을 것이다. […] 하지만 사람들 대부분의 경우 타고난 허영심에다가 다변과 타고난 부정직함을 지니고 있다. 그들은 생각하기 전에 말한다. 그리고 그들 주장이 그릇되고, 그들 견해가 옳지 않다는 것을 나중에 깨달았을 때도 그들은 그 반대인 것처럼 보이기를 원한다."

쇼펜하우어는 논리학과 변증술, 변증술과 논쟁술을 구분해서 말한다. 어느 명제의 객관적인 진리와, 논쟁자나 청중이 그 명제를 승인하고 타당하다고 여기는 것은 별개의 문제이다. 논리학은 전자를, 변증

---

173 같은 책, 36~40쪽. 아리스토텔레스는 『소피스트적 논박』에서 오류들을 말씨에 기인하는 오류와 말씨에 기인하지 않는 오류, 두 가지로 분류한다. 말씨에 기인하는 오류들은 1) 말의 애매함의 오류. 2) 모호한 문장의 오류. 3) 결합의 오류. 4) 분리의 오류. 5) 강조 혹은 억양의 오류. 6) 표현 형식의 오류로 나뉜다. 말씨에 기인하지 않는 오류들은 1) 부대성(우연)의 오류. 2) 한정된 표현을 단적인 표현으로 사용하는 오류. 3) 논박에 대한 무지의 오류. 4) 선결문제 요구의 오류. 5) 결론(부당 귀결)의 오류. 6) 원인이 아닌 것을 원인으로 삼아서 생기는 오류. 7) 복합질문의 오류로 나뉜다.

술은 후자를 지향한다. 논리학은 순전히 '선험적으로a priori' 구성될 수 있으며, 변증술은 대부분 단지 '후험적으로a posteori' 구성될 수 있을 뿐이라는 것이다. 변증술은 '담화의 상대방들이 질문과 답변의 형식으로 무언가를 반박하거나 무언가를 증명하여 주장할 때 사용하는 말하기 기술'이다. 따라서 그 목적은 '자신의 주장이 옳음을 견지하는 것'이다. 이 기술은 아리스토텔레스가 잘 개발해놓았다. 그래서 쇼펜하우어는 그 기술을 빌려 자신의 저술에 활용했다. 하지만 논쟁술은 '정당한 수단을 쓰든 정당치 못한 수단을 쓰든' 자신의 주장을 방어하고 상대방의 주장을 무너뜨리는 데 사용하는 기술이다.

이를 위해 쇼펜하우어는 마키아벨리의 『군주론』을 원용한다. 마키아벨리는 이웃 군주가 약점을 보이는 순간을 이용해 그를 공격하라고 군주에게 가르친다. 그렇지 않으면 언젠가 이웃 군주가 자신이 약한 순간을 이용할 수 있기 때문이다. 쇼펜하우어에 따르면 논쟁에서 승리하는 사람은 올바른 주장을 내세우는 사람이 아니라, 자신의 주장을 내세우고 방어하는 데 교활하고 민첩한 사람이다. 따라서 논쟁술은 진실이 어디에 있는지 관심을 두지 않는다. 마치 검투사가 결투를 할 때 누가 옳은지 따지지 않는 것과 마찬가지다. '칼로 찌르고 막는 것, 그것만이 문제일 뿐이다.' 이 술수에 대해 쇼펜하우어는 서두에서 다음과 같이 말한다. "주변을 광범위하게 둘러보았음에도 나는 이러한 의미에서 어떤 일이 실행되었다는 것을 알지 못한다." 즉 자신이 이 분야를 처음으로 개척했다는 자부심의 표현이다.

겉으로는 아무리 점잖고 신사적인 사람이라도 내면에는 어떻게 해서든 논쟁에서 이기고 싶은 마음이 숨어 있을 것이다. 또한 논쟁에서 이기지 않더라도 비열한 술수를 쓰는 상대방으로부터 자신을 방어하려면 쇼펜하우어의 술수를 알아두는 것이 나쁘지 않을 것이다. 쇼펜하우어가 개발해놓은 기술들을 크게 두 가지로 나누어보면 '토론을 위한 기술이나 요령들'과 '논쟁을 위한 술수나 전략'으로 나누어볼 수 있다. 전자가 조금 더 정당한 기술이고, 후자가 조금 더 교활한 술수다. 그러나 쇼펜하우어는 『논쟁에서 이기는 기술』에서 변증술과 논쟁술을 엄격히 구분하지 않고 이 기술들을 '논쟁적 변증술'이라고 부른다. 그러면서 논쟁술은 동일한 사안을 지칭하는 좀 더 가혹한 말에 지나지 않는다고 말한다. 진리란 어차피 알아내기 어려운 데다 두 사람의 의견이 일치할 수는 없는 일이다. 그 때문에 토론은 자연히 논쟁으로 넘어가게 되어 그 두 가지는 사실상 구분이 어려워지게 된다. 논쟁에서는 논리적 지성이 아니라 자신의 명제를 노련하게 옹호하는 교활하고 사악한 의지가 중요한 경우가 많다. 그러니 천부의 재능을 타고 나지 않은 한 연습을 통해 토론기술을 익히고 상대방을 물리치는 어법을 숙고하고 개발하는 것이 필요하다는 것이다.

"논쟁에서 승자가 되는 사람은 자신의 명제를 제기할 때 판단력의 올바름 덕분이라기보다는 그가 자신의 명제를 교활하고 노련하게 옹호한 덕분인 경우가 허다하다. 다른 모든 경우와 마찬가지로 이 경우에도 천부의 재능을 타고난 것이 최상이다. 그렇지만 연습을 통해 이 기술의 대가가 되는 것이, 그리고 적을 물리치는 데 이용되곤 하는 어법, 또는 그 자신이 비슷한 목적을 위해 사용하는 어법을 숙고하는 것이 큰 도움이 될 것이다."

하지만 아리스토텔레스는 변증술과 논쟁술을 구분하려고 노력했다. 그는 토론의 논쟁적 성격을 인정하면서도 토론의 목적은 진리 탐구라고 생각했다. 그래서 변증술이라는 이름을 붙여 논리학에 포함시켰다. 아리스토텔레스가 말하는 변증술이 쇼펜하우어의 토론 기술인 셈이다. 아리스토텔레스는 오늘날 우리가 오류론으로 다루는 논쟁술과 궤변술을 논리적으로 반박해야 할 대상으로 취급했다. 이론적으로는 아리스토텔레스가 옳지만 실천적으로는 쇼펜하우어가 더 그럴듯해 보인다.

앞서 말했듯이 변증술은 기본적으로 교활하거나 야비한 술수라기보다는 설득을 위한 정당한 기술로 볼 수 있다. 아리스토텔레스가 『분석론 전서』에서 개발한 삼단논법 같은 연역법은 물론이고, 『변증론』과 이 책의 부록 격인 『소피스트적 논박』에서 설명한 여러 가지 기술이 모두 이러한 정당한 기술에 속한다. 그 안에는 예증법, 실천적 삼단논법, 넓은 의미의 귀납법, 심지어 가추법假推法[174]까지 들어있다. 모두 설득을 위한 뛰어난 도구다. 그러면 쇼펜하우어가 밝힌 토론요령을 연역법과 귀납법, 그 각각에서의 공격술과 방어술로 나누어 살펴보기로 하자.

---

174 가추법: 전제로부터 결론이 나온다는 점에서는 귀납법의 일종. 어떤 현상이 발견되었을 때, 알고 있는 유사한 상황에 의지하여 가설을 세우고 그 현상의 근거나 원리를 찾는 논리적 추론의 하나이다.

법칙: 이 주머니에서 나온 콩들은 모두 노랗다.
사례: 이 콩들은 노랗다.
결과: 이 콩들은 이 주머니에서 나왔다.

연역법은 필연적으로 일어날 사실을 알려주고, 귀납법은 개연적으로 일어날 사실을 알려준다. 그런데 가추법은 이미 일어났지만 아직 알지 못하는 사건을 알려준다.
예를 들어 모든 사람이 죽고 A가 사람이면, A는 필연적으로 죽는다는 것을 연역법은 알려준다. 그리고 귀납법은 A, B, C, D…가 죽고 그들이 사람이면, 모든 사람이 죽는다는 것을 알려준다. 그러나 가추법은 사람은 모두 죽는데 A가 무엇인지 모르지만 어쨌든 죽었다면 A는 아마 사람일 것이다, 라는 것을 알려준다. 이처럼 가추법은 이미 일어난 사실을 밝혀준다. 명탐정 셜록 홈스가 이 방법을 많이 쓰고 있다. 그는 가추법을 이용한 예리한 관찰과 추론을 통해 범인이 누구인지 밝혀낸다.

1 연역법[175]을 이용한 공격과 방어[176]

연역법은 대전제인 원칙으로부터 사실에 기초하여 결론에 적용하는 방법이다. 이는 진리 보존적인 논증법으로 연역법에서는 전제들이 참이면 결론은 언제나 참이다. 그래서 연역법은 모든 논증 중에서 형식적으로 가장 빈틈없고 설득력 있는 논증법이다. 그 구체적 방법은 이렇다.

고래가 아가미로 숨을 쉬는지 폐로 호흡을 하는지 논쟁이 붙었다고 하자. 고래는 바다에 살고 있고 지느러미로 헤엄을 치니까 물고기라고 생각하는 사람도 많겠지만, 알을 낳지 않고 새끼를 낳아 젖을 먹여 기르는 포유동물이다. 이때 당신이 주장하려는 결론의 전제들을 질문하여 상대방이 하나씩 시인하게 한다. 그러니까 "포유동물은 폐로 숨 쉬지요?" 그리고 "고래는 포유동물이지요?"라고 먼저 묻는다. 그런 다음 "그럼 고래는 폐로 숨 쉰다는 것을 인정하셨습니다."라고

---

175 연역법: 전제로부터 결론이 필연적으로 나오는 논증법을 말함.

법칙: 이 주머니에서 나온 콩들은 모두 노랗다.
사례: 이 콩들은 이 주머니에서 나왔다.
결과: 이 콩들은 노랗다.

가설연역법: 가설연역법은 어떠한 현상의 관찰로부터 가설을 설정하고, 그 가설을 검증하는 과정을 통하여 이론이나 자연법칙을 이끄는 과학적 탐구 방법의 한 갈래이다. 근본적 전제가 되는 가설은 실험이나 경험에 의해서 증명될 수 없어서 실천을 통해서 검증되어야 한다. 가설을 설정하는 단계와 실험 결과로부터 가설을 정당화하는 과정에는 귀납적인 추론이, 가설로부터 검증을 위해 실험을 설계하고 결과를 예측하는 단계에는 연역적인 사고가 요구된다. 예를 들어 아인슈타인의 일반상대성 원리도 발표 당시는 하나의 가설이었다. 이 가설은 빛이 중력장에 의해 휜다는 예측을 포함하고 있었는데, 에딩턴의 개기 일식 관찰을 통해 그것이 증명되어 과학지식으로 인정받았다. 제임스 듀이 왓슨과 프랜시스 해리 콤프턴 크릭은 1953년 DNA가 이중 나선 구조를 가진다는 것을 밝혀 유전학 및 생물학 전반에 큰 영향을 주었다. 이들이 DNA의 구조를 밝혀내기까지의 일련의 과정은 가설 연역 방법으로 설명된다.
176 설득의 논리학, 김용규, 웅진지식하우스, 2010, 238쪽 이하를 참조했음.

말하면 된다. 그러고 나서 그가 이미 결론을 시인한 것으로 간주한다. 그러나 당신이 묻는 전제들을 상대방이 순순히 시인하지 않는 경우 쇼펜하우어는 몇 가지 술수를 알려준다.

요령 4에서처럼 연쇄삼단논법Prosyllogismus[177]을 이용하는 방법이 있다. 복합삼단논법 가운데 하나인 연쇄삼단논법은 둘 이상의 삼단논법을 모아 하나의 연결체로 만듦으로써 자신의 주장을 더욱 강화하는 논증이다. 이때 앞에 오는 삼단논법의 결론이 뒤에 오는 삼단논법의 전제로 쓰인다. 따라서 그런 여러 전제를 '두서없이 뒤섞어서' 상대방의 인정을 받아내도록 한다. "이런 식으로 필요한 모든 것이 이루어질 때까지 당신의 게임을 은폐하라."(요령 4) 그리하여 상대방이 혼란에 빠지면 당신은 당신에게 필요한 결론으로 수월하게 이끌어갈 수 있다.

이보다 더 교묘한 술수도 있다. 원하는 결론을 이끌기 위해 "그럴듯한 그릇된 전제를 사용하라"(요령 5)는 것이다. 예를 들어 당신이 죄인에게도 동정심이 있다는 것을 증명하려고 한다고 하자. 그럼 우선 "모든 사람은 동정심을 갖고 있지요?"라고 상대방에게 묻고 "죄인도 사람이지요"라고 확인한다. 그런 다음, 그러니까 "죄인에게도 동정심이 있습니다"라고 주장하라는 것이다. 언뜻 보기엔 그럴듯하지만, 사실인즉 속임수다. 여기에서 '모든 사람은 동정심을 갖고 있다'라는 전제는 '참'이 아니고 단지 '그럴싸한' 말에 불과하기 때문이다.

---

[177] 연쇄삼단논법을 이용한 설득의 예는 이렇다.
전제1 당신은 남성이 좋아하는 여성이 되고 싶다.
전제2 남성이 좋아하는 여성은 날씬한 몸매를 가졌다.
결론1 따라서 당신은 날씬한 몸매를 갖고 싶다.
전제3 날씬한 몸매의 여성은 A음료를 마신다.
결론2 그러므로 당신도 A음료를 마셔라.

그리고 요령 6에서처럼 자신에게 유리하게 용어를 선정하는 방법이 있다. 예를 들어 어떤 사람의 '명성'을 바란다는 표현은 그를 욕심쟁이로 보이게 할 수 있다. 그보다는 '좋은 평판'을 원한다고 하는 것이 그의 선함을 주장하는 데 유리하다는 것이다. 또한 '순결성'을 지녔다기보다는 '덕'을 갖추었다고 하는 것이 그의 미덕을 증명하는 데 유리하다는 것이다. 이와 마찬가지로 '경배'라는 중립적인 용어도 그것을 옹호할 때는 '경건함'이라 표현하고, 비난할 때는 '위선'이나 '광신'이라고 말하면 된다. 이런 표현법은 일종의 순환 논증의 오류이다.

또한 질서정연하게 묻지 말고 중구난방식으로 하는 방법이 있다. 그럼으로써 당신이 도출하려는 결론을 상대가 눈치 채지 못하게 하는 것이다. "그러면 상대방은 당신이 노리는 것이 무엇인지 알지 못해 사전에 준비할 수 없게 된다. 그렇게 되면 상대방의 답변을 상이한 결론에, 그 성격에 따라 심지어 상반되는 결론에도 이용할 수 있다."(요령 9) 이런 식으로 상이한 결론, 심지어는 상반되는 결론을 끌어낼 수 있다는 것이다.

아리스토텔레스는 『변증론』에서 이때 상대방의 종교나 가치관을 이용하면 좋다고 충고한다. 예를 들어 기독교인에게는 "성서에는 원수를 사랑하라고 했지요?"라고 묻는다. 그리고 "원수를 사랑한다면 가해자도 용서하세요."라고 단호한 결론을 내리라는 것이다. 이것은 논리적 정당성이 아닌 종교적 정당성으로 상대방을 몰아세우는 교활한 술수이다.

지금까지는 연역법을 이용한 공격 방법이다. 거꾸로 상대방이 연역법을 사용하여 공격할 때는 어떻게 방어할 것인가? 이 경우에 대해 살펴보기로 하자. 일단 자기에게 불리할 수 있는 위험한 싹은 미리 자르는 게 좋다. 그러려면 상대방이 내세우는 전제를 되도록 시인하지 말아야 한다. 오히려 그 허점을 노려 가능하면 그것이 참이 아님을 증명해야 한다.

그중 하나가 상대방이 내세운 전제를 확대해석하는 방법이다(요령 1). 그다음에 그것을 피해가든지 아니면 공격으로 나가면 된다. 예를 들어 상대방이 "기후 온난화를 믿으시겠지요?"라고 물어 그것을 시인하게 한 후 그가 주장하려는 결론으로 이끌려고 한다고 하자. 그런데 그의 말을 시인하면 그의 주장을 따라가게 되고 부정하면 과학을 불신하는 사람으로 몰리게 된다. 이때 당신은 "저는 인간 지식의 확실성을 의심합니다."라고 확대해석한 다음, 곧바로 지식의 문제점들을 장황하게 늘어놓으면서 피하든지 오히려 반격하라는 것이다. 그리고 외국인 노동자의 고용문제가 불평등하게 이루어진다는 주장에 대해서는 "우리 사회가 외국인을 불평등하게 대우한다는 말씀이신데……."라고 확대해석한 다음 반대 근거를 제시하여 몰아붙이라는 것이다.

이와 유사한 방법으로, 특정한 사안을 일반화하여 대응하라는 술수도 있다(요령 19). 상대방에게 논점에서 밀릴 때 이 방법을 사용한다. 예를 들어 상대방이 여성 인권문제에 무관심하다고 정부를 비난한다고 하자. 이에 대해 딱히 할 말이 없으면, 그동안 정부가 인권문제 전반에 걸쳐 많은 노력을 해왔다는 식으로 대응하면 된다. 또한 상대방이 자기가 만난 여자들은 다 이기적이었다며, 여자들은 모두 이기적인 특성이 있는 것 같다고 하는 경우도 성급한 일반화의 오류를 범하고 있는 것이다. 또한 이 진통제는 환자의 모든 고통을 없애니, 그것은 사랑의 고통도 없앨 것이라고 주장하는 것도 마찬가지 경우다.

현대논리학에서는 이런 종류의 술수들을 '허수아비 논증의 오류'라고 한다. 가상의 허수아비를 만들어놓고 그에 대해 논증한다는 말이다. 당신이 상대방의 의견이 확대해석되거나 보편화된 부분을 명백하게 밝히고, 허수아비 논증의 오류를 범하고 있음을 지적할 경우 그는 무너지고 만다. 이때 상대방이 자신의 주장을 방어하지 못하면 당신이 '상대방의 주장을 물리친 듯한 인상'을 줄 수 있다.

그것 말고도 동음이의어를 사용하는 방법이 있다.(요령 2) 동음이의어라는 음은 같으나 뜻이 다른 용어를 말한다. 이는 논리학자들이 말하는 애매어의 의한 오류와 비슷한 경우다. 예를 들어 상대방이 "죄인은 벌을 받아야 합니다."라고 주장하면, "모든 인간은 죄인이 아닌가요? 그렇다고 벌을 받을 수는 없지요."라고 대응하라는 것이다. 상대방은 형법적 의미의 죄인을 말했는데, 당신은 종교적 의미의 죄인으로 바꾸어 반박한 것이다. 하지만 상대방이 이런 차이를 즉각 알아차리지 못해 제대로 대응하지 못하면 당신은 방어에 성공한 것처럼 된다. 이러한 요령은 궤변론에서 '동음이의어를 이용하여'라는 기술과 동일한 것으로 간주될 수 있다.

> "모든 빛은 꺼질 수 있다
> 지성은 하나의 빛이다
> 고로 지성은 꺼질 수 있다."

여기서 빛과 지성의 빛은 동음이의어지만 다른 의미이다. 이처럼 동음이의어를 썼을 때 뻔한 궤변인 것을 알 수 있으면 진짜로 남을 속이지는 못할 것이다. 쇼펜하우어는 베를린 대학에 다닐 때 피히테의 강의에 대해 이런 장난을 한 적이 있었다. 그는 자신이 기록한 필기 첩의 속지 상단에 '학문론Wissenschaftslehre'이라는 제목을 썼고, 그 여백에는 'Wissenschaftsleere학문공백'이 더 정확하리라'라고 썼다. 이처럼 '레레Lehre, Leere'라는 동음이의어를 사용해 피히테의 학문론이 '학문공백'이라고 조롱한 것이다.

또 다른 요령으로는 그릇된 삼단논법을 적용해 상대방을 함정에 빠뜨리는 방법이 있다. "상대방이 어떤 명제를 내세우면 그 개념을 그릇되게 추론하고 왜곡해서 그 명제에 담겨있지 않고 전혀 상대방의 견해가 아닌 명제, 반면에 불합리하거나 위험한 명제로 만들어버린다."(요령 24) 그러기 위해서는 스스로 오류를 범하기도 한다. 심지어 상대방의 말을 왜곡하여 그가 하지도 않은 말이나 그의 의견이 아닌 내용을 끄집어내서라도 반박하라는 것이다.

그러면 그의 명제가 그 자체로 또는 승인된 진리와 모순되는 명제들을 낳는 것처럼 보여 간접 반박된 것으로 간주된다. 이것이 간접논증이다. 그것이 발각되지 않는 한 성공하고, 설사 들키더라도 그냥 당하는 것보다야 낫다. 어차피 방어하는 입장에서는 안 하는 것보다야 나은 것이다. 이것은 근거가 될 수 없는 것을 근거로 내세우는 오류의 적용이다. 연역법을 사용한 공격술과 방어술은 이 정도로 하고 귀납법을 통한 공격과 방어에 대해 살펴보기로 하자.

2 귀납법[178]을 이용한 공격과 방어

---

[178] 귀납법: 전제로부터 결론이 개연적 또는 가능적으로 나오는 논증법을 말함.
귀납적 강도: 전제가 참일 때 결론이 참일 가능성의 정도. 귀납적 강도가 높을수록 설득력도 높다. 귀납적 강도는 조사된 사례가 많을수록, 반대 사례가 적을수록, 일반화할 수 있을수록 높다.

귀납법은 가설을 설정한 뒤 사실로부터 일반적인 원리를 유도하거나 도출하는 논법이다. 귀납법에는 여러 종류가 있지만, 논쟁에 흔히 사용되는 것으로는 열거적 귀납법, 예증법, 유비 논증, 생략삼단논법 등이 있다. 이들의 공통된 특징은 진리 확장적 논증이라는 것이다. 전제가 '참'이라고 해도 결론이 '필연적으로 참'은 아니라는 말이다. 가설을 세우고 그것을 검증하는 과정을 거치기 때문에 가설을 세운다고 하기보다는 모든 것을 하나씩 검증하는 과정이라고 볼 수 있다. 그러므로 귀납법은 연역법과는 달리 사실에 관한 지식을 확장해 준다는 특징이 있지만, 전제가 결론의 필연성을 논리적으로 확립해 주지 못한다는 한계가 있다. 따라서 귀납법은 '형식적으로' 연역법만큼 강력한 공격술이라 할 수 없다. 하지만 경험에 따른 구체적인 지식을 전제로 제시하기 때문에 '내용적으로' 설득력이 크다. 특히 예증법이 그러하다.

예증법은 주어진 개별적인 사실에서 일반적인 규칙을 이끄는 추론 형식이다. 개별적인 사실들에서 일반적인 규칙을 설명한다. 따라서 귀납 추론에 의한 주장은 단점은 감추고 장점을 이용하는 식으로 진행해야 한다. 먼저 전제로 적합한 개별적 지식 한두 가지를 골라 상대방에게 묻는다. 그리고 상대가 그 전제들을 시인하면 곧바로 주장하려는 결론이 마치 보편적 진리로 인정된 것처럼 간주해버린다.

베이컨의 귀납법은 조사된 사례를 다양하고도 풍부하게 했고, 반대 사례를 제거하는 방법으로 귀납의 강도를 높였다.

법칙: 이 콩들은 이 주머니에서 나왔다.
사례: 이 콩들은 노랗다.
결과: 이 주머니에서 나온 콩들은 모두 노랗다.

이때 결론을 시인하느냐고 묻지 않는다. "그렇게 되면 우리는 그가 개별적인 사실들에서 비롯하는 보편적인 진리를 인정하는지 그에게 질문할 필요 없이, 그 후 그것을 결정되고 시인된 진리로 도입하면 된다."(요령 11)

그러면 상대방은 귀납 추론을 지지해줄 수 있는 개별적인 사실들을 시인하게 된다. 그 자신이 이따금 그 진리를 시인했다고 생각할 것이기 때문이다. 옆에서 논쟁을 지켜보는 청중들도 개별적 사실들에 대한 많은 질문을 기억하고 있을 것이고, 분명 자신들의 목적을 달성했다고 여길 것이기 때문에, 청중들 역시 같은 인상을 받을 것이다.

그러면 전형적인 '열거적 귀납법'의 예를 살펴보자. "여기 있는 철수도 부지런하지요? 또 영희도 부지런하지요? 기철이도 부지런하지요? 우리 회사 사람들은 모두 부지런합니다."라는 식이다. 여기서는 눈앞에 보이는 예들을 전제로 내세워 질문하고 시인하게 하여 결론을 내렸다. "나쁜 음식은 몸을 병들게 하지요? 마찬가지로 나쁜 영화는 정신건강을 해칩니다."라는 예증법은 누구나 경험할 수 있는 예를 들어 묻고 시인하게 함으로써 결론을 내린다. 또 "사람의 머리를 베면 그는 죽지요? 마찬가지로 어느 조직의 우두머리를 제거하면 그 조직은 망합니다."라는 유비 논증은 명백한 예를 들어 묻고 시인하게 하여 곧바로 결론을 끄집어낸다. 그리고 "공급이 부족하면 물건값이 오르지요. 그래서 기름값이 오른 겁니다."라는 생략삼단논법은 일반적 상식을 묻고 시인하게 하여 결론을 내렸다.

쇼펜하우어는 귀납법도 이런 식으로 주장하면 설득에 성공할 수 있을 것이라고 했다. 심지어 전제가 부적합하거나 부족할 경우에조차 그렇다고 했다(요령 20). 상대방은 일일이 따져볼 겨를이 없이 부지불식간에 그 결론을 시인한 것으로 생각하게 되며, 청중 역시 같은 인상을 받기 때문이라는 것이다. 물론 약삭빠른 술수다. 따라서 이에 대한 방어술은 이런 술수의 약점을 꼼꼼히 지적하여 곧바로 반박하는 식으로 전개해야 한다.

열거적 귀납법에 대한 방어술은 무엇보다도 카를 포퍼의 '반증 가능성 원리'에 잘 나타나 있다. 포퍼는 예를 들어 'A 지역의 백조는 희다', 'B 지역의 백조도 희다', 'C 지역의 백조도 희다'…… 등과 같은 전제들을 모아 '모든 백조는 희다'는 결론을 얻어내는 열거적 귀납법은 결코 정당화될 수 없다고 했다. 모든 사례를 다 조사할 수 없기 때문이다. 만약 단 한 마리의 검은 백조라도 관찰된다면, 그것의 반증은 가능하다는 것이다. 또한 연구나 조사가 원하는 결과가 나오게 하는 데이터를 자신의 논증에 유리한 사례만 취사선택하는 것도 논리적 오류에 속한다. 예컨대 "정치인의 세습은 좋은가 나쁜가"라는 명제가 있을 때, 전 세계에 무수한 세습 정치인 중 평가가 좋은 자만 또는 나쁜 자만 선택해서 "A도 B도 C도 세습이니까 세습은 좋다"라거나 "갑도 을도 병도 세습이니까 세습은 나쁘다"라고 논증하는 것이 이러한 체리피킹 오류에 해당한다. 이때 반증 사례를 찾으면 그 명제는 무너지고 만다. 쇼펜하우어 역시 이미 요령 25에서 반증 사례를 찾아내 상대방의 명제를 뒤집으라고 가르치고 있다.

"귀납법의 경우 보편적 명제를 내세우기 위해서는 방대한 양의 사례가 필요하다. 그러나 간접논증의 경우는 그 명제가 적용되지 않는 단 하나의 사례를 내세우기만 하면 그 명제가 뒤집힌다. 그러한 경우가 반증이라 불린다."(요령 25)

이처럼 상대방이 열거적 귀납법으로 자기주장을 할 경우에는 단

하나의 반대 사례를 찾아 반박하면 된다. 앞의 예에서는 "당신 회사 사원인 명수는 부지런하지 않잖아요."라고 반박하면 된다. 열거적 귀납법은 대부분 특수한 사례를 일반화할 때 생기는 '성급한 일반화의 오류'를 범하고 있기 때문에 반대 사례를 찾는 것이 어렵지 않다.

　예증법은 예로 든 사안과 결론이 전혀 다른 경우라는 것을 지적함으로써 반박할 수 있다. 앞의 예에서는 음식과 영화의 차이점을 내세워 반박할 수 있다. 예컨대 음식은 무엇이 나쁜 것인지 쉽게 판단할 수 있지만, 영화는 그렇지 않다는 차이가 있다. 쇼펜하우어는 상대방이 이 같은 반증으로 방어할 때뿐 아니라 오히려 반증을 갖고 공격해올 때도 같은 방법으로 물리칠 수 있다고 했다(요령 17). 예증이든 반증이든 그것을 '나쁜' 또는 '부적합한' 예로 몰아 반격한다는 점에서 같기 때문이다.

　마찬가지로 유비 논증은 그것이 '잘못된 유추의 오류'임을 지적함으로써 반박할 수 있다. 잘못된 유추의 오류란 유사한 점을 근거로 다른 것도 그러리라고 추론하는 데서 생기는 오류다. 앞의 예에서는 사람의 몸과 머리가 갖는 관계와 조직과 조직의 우두머리가 갖는 관계가 다르다는 것을 지적함으로써 반박할 수 있다. 예컨대 사람의 머리는 바꿀 수 없지만 조직의 우두머리는 바꿀 수 있다는 점을 내세운다. 쇼펜하우어는 요령 37에서 상대방이 잘못된 증거를 선택했을 경우 그것을 반박하고 사안 자체를 반박한 것처럼 행동하라고 했는데, 이는 예증법이나 유비 논증 모두에 해당하는 말이다.

　생략삼단논법에 대한 반박은 생략된 전제를 찾아 그것의 부당함이나 부적절함을 공격하면 된다. 앞에서는 '휘발유 공급이 부족하다'가 생략된 전제다. 당신이 휘발유 공급이 부족하지 않다는 증거를 제시하면 된다. 세금 때문에 기름값이 오를 수도 있기 때문이다. 그렇다면 상대방은 이런 경우 잘못된 원인을 근거로 하여 결론을 내린 '잘못된 원인의 오류'를 범한 것이다. 이처럼 귀납법을 이용한 공격에 대한 방어술의 요점은 모두 같다. 귀납법의 공통된 약점은 그 결론이 '필연적 참'이 아니라는 것이다. 따라서 그것을 필연적 참인 것처럼 주장하는 경우 허점이 있기 마련이다. 그것을 캐내어 반박하면 된다는 것이다.

지금까지 설명한 연역법과 귀납법의 개념의 차이를 간단히 살펴보면 이렇다. 연역법은 일반적 사실로 구체적 사실을 끌어내는 반면, 귀납법은 구체적 사실로 일반적 사실을 끌어낸다. 또한 연역법은 삼단논법을 이용한 논리적 규칙에만 의존하는 반면, 귀납법은 경험적·관찰적 방법에 의존한다. 그리고 연역법에서는 전제 속에 이미 결론이 포함되어 있으며, 전제가 거짓이면 결론도 거짓이다. 반면에 귀납법에서는 전제 속에 결론이 포함되어 있지 않으며, 전제가 거짓이면 결론은 확률적으로 거짓일 가능성이 높다.

귀납법 검증과정에는 까마귀 패러독스라는 한계가 있다. 어떤 생물학자가 "모든 까마귀는 검다"라는 가설을 세웠다고 하자. 그런 후 그는 그 가설이 정말로 맞는지를 확인하기 위해 새로운 까마귀를 발견할 때마다 색깔이 검은지를 확인하고 있다. 그가 새롭게 관찰한 까마귀는 100마리였고 그것들은 모두 검은 까마귀들이었다. 그러나 그가 이러한 경험적인 관찰을 통해 자신의 가설을 '증명'한 것은 아니다. '증명'이라고 하는 것은 모든 경우에 대하여 어떤 사항이 모든 경우에 모순 없이 작용한다는 것을 보여야 하는데, 이 생물학자의 경우에는 100가지 특정 사례만 관찰했을 뿐이다. 이처럼 귀납적인 방법을 통해 보편적인 법칙을 증명할 수는 없다. 그리하여 가설 연역 방법 역시 귀납적 방법에 기초한 것으로 검증 가능성에 대해 비판받고 있다.

이제까지 설명한 기술들을 보면 연역법은 강하기 때문에 그것을 방어할 때, 그리고 귀납법은 약하기 때문에 공격할 때 교활한 술수들이 필요하다. 그런데 토론이 논쟁으로 넘어가면 이보다 더 야비한 술수들이 동원되기도 한다. 논쟁은 검술처럼 싸움이기 때문이다. 싸움의 목적은 '정당한 수단을 쓰든 정당치 않은 수단을 쓰든' 자신을 방어하고 상대방을 무너뜨리는 것이다.

3 논쟁의 여러 가지 술수들

17세기 초 일본에 미야모토 무사시라는 검객이 있었다. 평생 한 번도 진 적이 없는 무적불패의 무사였다. 그는 단순히 뛰어난 검객을 넘어 탁월한 전략가이기도 했다. 그가 쓴 『오륜서』에 나타난 싸움의 도는 오직 승리하는 것이다. 그러기 위해선 최대한 자신에게 유리한 조건을 갖춰놓는 것이 필요하다. 전쟁이란 속임수의 미학이라고 말하는 손자에게도 선善은 착할 선이 아니라, 능숙하고 요령 있게 잘 대처하라는 의미이다. 손자가 말하는 속임수는 수단과 방법을 가리지 말고 창의적으로 상대를 괴롭히고 패배시키라는 것이다. 상대가 속임수에 빠져 방심하거나 헛다리 짚었을 때, 약한 곳을 골라 한 방에 쓰러뜨려야 한다. 스포츠는 최선을 다하는 것에 박수를 받지만 전쟁은 이기는 것이 지상 목표다. 무사시는 검술의 참된 도는 적과 싸워서 이기는 것이며, 그것은 변치 않는 원칙이라고 주장한다. 또한 손자는 지는 싸움 앞에선 꼬리 내릴 줄 알아야 한다고 말한다.

검객 무사시의 검술과 쇼펜하우어의 논쟁술 사이에는 흥미롭게도 공통점이 많다. 그래서 쇼펜하우어도 논쟁술을 '정신적인 검술'이라고 규정했다. 무사시는 '상대방의 화를 돋우라'고 말한다. 그리하여 상대방이 평정심을 잃을 때 허를 찔러 세찬 기세로 공격해 들어가라는 것이다. 손자병법에서도 군주는 분노로 군사를 일으켜서는 안 되고, 장수는 노여움으로 전투를 벌여서는 안 된다고 말한다.

쇼펜하우어 역시 화를 돋우라고 조언한다. "상대방을 화가 나게 자극하라. 화가 나면 올바로 판단할 수 없고, 자신의 장점을 알아차릴 수 없기 때문이다. 그러니 그에게 노골적으로 부당한 일을 하고, 괴롭히고, 일반적으로 뻔뻔하게 나옴으로써 상대방을 성나게 만들어라."(요령 8)

이처럼 논쟁술은 정신의 검술이라고 쇼펜하우어가 말했듯이 그것은 검술과 유사한 점이 적지 않다. 또한 적의 기술을 쓸모없게 만들고 적을 좌지우지할 수 있게 하는 '베개 누르기' 방법이 있다. 이것은 적이 고개를 쳐들지 못하게 한다는 의미이다. 상대에게 휘둘려 기선을 빼앗기거나 또 적이 자유롭게 움직이도록 놔두는 것은 검법의 도에 어긋난다. 적도 역시 같은 생각을 할 것이므로 상대방의 낌새를 알아차려 민첩하게 행동해야 한다. 검법에서 말하는 '베개 누르기'는 적이 내리치거나 찌를 것을 막아서 적이 달라붙지 않도록 떨쳐버리는 방법이다.

"상대방에게 상반되는 두 가지 명제를 제시하고 하나를 선택하도록 하라"는 요령 13을 보자. 당신이 '노인의 말을 잘 들어야 한다'라는 답변을 얻어내려 한다고 하자. 이때 전략적 질문을 해야 한다. "사람은 노인의 말을 잘 들어야 합니까?"는 전략적 질문이 아니다. 그 대신 "사람은 노인의 말을 잘 들어야 합니까, 아니면 무조건 거역해야 합니까?"라고 물어야 한다. 여기서 주목해야 할 점은 거역한다는 데만 '무조건'이라고 강조했다는 것이다. 쇼펜하우어는 이 부분을 '큰 소리'로 강조해서 물으라고 했다. 그러면 원하는 답변을 얻을 수 있다는 것이다. 쇼펜하우어는 이렇게 말한다.

"그리하여 상대방의 시인으로부터 자기 주장의 진실성을 끌어내도록 한다. 이러한 문답식 방법은 특히 고대 철학자들 사이에서 사용되었다 (이런 방법은 소크라테스식 문답법이라고도 불린다). […] 당신이 상대방에게서 얻으려고 하는 시인 내용을 그가 눈치채지 못하도록 한꺼번에 광범위한 질문 공세를 퍼붓는다. 반면에 상대방이 시인한 내용으로부터 도출되는 논증을 재빨리 내놓는다. 왜냐하면 이해가 늦은 자들은 정확히 추론할 수 없고, 논증에서 일어날 법한 오류나 허점을 알아채지 못하기 때문이다."(요령 7)

전략적 질문을 받으면 상대방은 어쨌든 곤경에 빠지게 된다. 가령 '잘못된 이분법'을 이용한 공략이 그렇다. 이것은 완전하지 않은 두 개의 선택지를 주고 그중 하나를 강요하는 수법이다. "개발독재란 어쩔 수 없습니다. 왜냐하면 빈곤한 나라에서는 독재 아니면 굶주림밖에 선택할 수 없는데, 그래도 독재가 굶주림보다는 낫기 때문이지요. 그렇지 않은가요?"와 같은 식의 질문이다. 이 질문은 선택 가능한 경우의 수를 질문자가 두 가지로 한정했다. 물론 자신의 의도에 합당한 대답이 나오도록 전략적으로 구성했다. 그래서 상대방이 그것을 재빨리 파악하고 대처하지 못하면 꼼짝없이 당하게 된다. 이때 잘못된 이분법에 의한 오류임을 지적하는 것이 좋다. 예컨대 "자유를 누리면서도 굶주리지 않는 방법이 있지 않을까요?"와 같이 반격하는 방법 말이다. 그러나 이런 대책을 미리 숙지하고 있지 않으면 실제로 써먹기 쉽지 않다. A후보에게 투표하든지 아니면 나라를 망하게 하든지 하십시오, 같은 어법도 잘못된 이분법을 이용한 유세다. "당신은 누가 우주를 창조했다고 믿습니까? 신인가요, 빅뱅인가요?"라는 질문도 '잘못된 이분법'에 의한 질문이다. 이럴 땐 이렇게 답변하면서 빠져나갈 수 있다. "난 빅뱅이 세상을 창조했다고 믿어요. 그러나 빅뱅을 일으킨 것은 신이라고 믿어요."

또한 복합질문을 이용해 자기 주장을 밀어붙이는 방법이 있다(요령 15). 우리가 어떤 모순적인 명제를 내세웠는데, 그것의 증명에 어려움을 느낀다고 하자. 상대가 어떤 옳은 명제, 하지만 아주 명백하게 옳지는 않은 명제를 불신하며 배척한다면 우리는 그의 불합리함을 보여주며 승리를 거둘 수 있다. 하지만 상대방이 그 명제를 받아들인다면 그로써 우리의 역설이 증명되었다고 주장한다. 이것은 지극히 뻔뻔한 방법에 속한다. 그런데 경험에서 우러나오는 이런 방법을 본능적으로 잘해 내는 사람들이 있다.

복합질문이란 겉보기에는 단순한 질문처럼 보이나 내용상으로는 두 개 이상의 질문이 결합되어 있어, 이에 대해 긍정하든 부정하든 모두 곤경에 빠지게 되는 형식의 질문이다. 가령 단순한 예가 "여보, 요즘은 도박 안 하지?"와 같은 질문이다. 그렇다고 대답하면 예전에는 도박했다는 말이 되고, 아니라고 대답하면 지금도 도박한다는 뜻이 된다. "너, 요즘은 학원 땡땡이 안 치지?"와 같은 질문도 마찬가지다.

논리학상으로는 물론 이런 질문을 '복합질문의 오류'라고 한다. 하지만 논쟁에서는 '정당한 수단을 쓰든 정당치 않은 수단을 쓰든' 어쩔 수 없다. 자신의 주장을 방어하고 상대방의 주장을 무너뜨리는 게 상책이다. 따라서 상대가 이런 종류의 오류를 범했을 때는 곧바로 지적하고 반격해야 한다. 하지만 자기 자신은 되도록 능란하게 적합한 복합질문의 오류를 이용할 줄 알아야 한다.

예컨대 쇼펜하우어는 논쟁할 때 권위를 이용할 줄 알아야 한다며 "이성이 아닌 권위에 호소하라"(요령 30)고 조언한다. '상대방이 존경하는 권위를 우리 스스로 갖추고 있으면 논쟁을 쉽게 승리로 이끌 수 있다'는 것이다. 만일 당신이 공격하는 상황이라면 권위를 가진 전문가의 말을 인용하고, 또 스스로 전문가인 양 전문 용어를 써먹는 것이 좋다. 특히 학식이 없는 일반 청중 앞에서 그렇다. "핵심을 찌르는 논거가 없고, 또한 아무런 대인 논증조차 없는 경우 청중을 위한 논거를 하나 만들도록 한다. 즉 부당한 이의제기를 하면 된다. 그러나 전문가만이 타당하지 않은 것을 통찰할 능력이 있다."(요령 28)

그런데 오늘날 논리학에서는 이것을 '숭배에 의한 논증'이라 부르며 논리적 오류로 취급한다. 그러나 당신이 방어하는 입장이라면 즉각 숭배에 의한 논증을 벌였다고 상대방을 반박해야 한다. 결국 공격이든 방어든, 논쟁을 하려면 아무튼 오류론을 철저히 공부해 놓는 것이 필요하다. 공격할 때는 논쟁술로 이용하고, 방어할 때는 상대의 오류를 지적하기 위해서 말이다. 무사시는 『오륜서』에서 각각의 전략을 설명한 다음 끝에 가서 '스스로 연습하고 단련해야 한다'는 당부를 곁들인다.

또한 효용에 의한 논증이 있다. 이것은 지성이 아닌 의지에 영향을 미치는 방법이다. 상대방의 견해가 타당하다 해도 그것이 그의 이해관계를 해칠지도 모른다는 것을 그가 느낄 수 있게 만들면 그는 그 견해를 포기한다는 것이다. 예컨대 한 성직자가 옹호하는 어떤 철학적 도그마가 그의 교회의 기본교리와 간접적으로 모순된다는 것을 알아차리게 하면 그는 자신의 도그마를 놓아버릴 것이다. 사람은 자신이 속한 조직의 이해관계에 반하는 주장을 하기 어렵기 때문이다. 국회의원이든 판검사든 기자든 마찬가지다.

그러면 상대방의 이론이 옳을 때는 어떻게 하는가? 쇼펜하우어는 이때 이론상으로는 옳을지 모르지만, 실제로는 거짓이라고 억지 부리라고 주문한다. "그것은 이론상으로는 옳을지 모르지만, 실제로는 거짓입니다."(요령 33) 이러한 궤변을 통해 상대방의 주장의 근거는 인정하면서 그 결론은 부정하라는 것이다. 불가능한 것에 기초하고 있는 이런 주장은 근거를 토대로 결론을 이끌어야 한다는 논리학 규칙과 모순된다. 논리상으로 옳은 것은 실제로도 옳아야 하기 때문이다.

물론 논리적 오류를 이용하여 상대방을 곤경에 빠뜨리려면 극도의 뻔뻔함이 필요하다. "상대방이 소심하거나 지능이 떨어지고, 또 우리 자신이 무척 후안무치하고 좋은 음성을 지녔을 경우, 이 방법은 꽤 잘 먹혀들 수 있다. 이는 근거가 될 수 없는 것을 근거로 내세우는 오류에 속한다."(요령 14) 이런저런 질문을 던졌을 때 원하는 답변이 나오지 않더라도, 그럼에도 마치 자신이 끌어내려고 하는 결론이 나온 것처럼 제시하고 의기양양하게 천명하라는 것이다. 그런데 거꾸로 상대방이 이렇게 뻔뻔하게 나오면 어떻게 대처할 것인가.

4 뻔뻔한 수법을 써서 대응하라

이럴 때는 상대방 공격의 논리적 오류를 캐내어 곧바로 지적해야 한다. "상대방이 논쟁 중인 문제의 결론과 직결될 수 있는 어떤 것을 우리에게 인정하라고 요구한다면, 우리는 일종의 선결문제의 오류로 치부하면서 그것을 거부해야 한다."(요령 22)

또한 '상대방의 논거를 역이용해 반격하는 방법'이 있다. 예를 들어,

상대방이 이렇게 말한다. "그는 어린아이입니다. 그러니 그 아이의 정상을 참작하는 게 필요합니다." 그러면 이렇게 반박 논거를 대라는 것이다. "우리는 그가 어린아이라는 그 이유 때문에 그 아이를 따끔하게 혼내야 합니다. 그렇지 않으면 나쁜 버릇에 물들 수 있기 때문입니다."(요령 26)

그렇지만 상대방이 작심하고 전략적 질문을 하며 뻔뻔하게 공격해 오면 대응하기가 쉽지 않다. 이럴 때는 당신도 뻔뻔한 방어술을 써야 한다. 예컨대 무의미한 말들을 마구 쏟아내 '상대방을 당황하고 어리둥절하게 하는 방법'이 있다. 쇼펜하우어는 "인간이란 보통 무슨 말만 들어도 그것에 뭔가 생각할 만한 구석이 있다고 여기지요."라는 괴테의 『파우스트』에 나오는 한 구절을 인용한 다음, 이렇게 덧붙인다.

"상대방이 속으로 자신의 약점을 의식하고 있다면, 또 자신이 이해하지 못하는 많은 이야기를 듣고도 마치 알아듣는 척하는 데 익숙해져 있는 사람이라면, 유식하거나 심오하게 들리는 터무니 없는 말을 그에게 진지한 표정으로 떠벌림으로써, 그리고 그러한 것을 우리가 주장하는 논제의 가장 논박의 여지가 없는 증거로 내세움으로써, 그에게서 보고 듣고 생각하는 능력을 빼앗아버릴 수 있다."(요령 36)

검객 무사시도 '당황하게 만들기'에서 권한 술수이다. 무사시는 "당황하게 만들기는 적이 정신을 차리지 못하게 만드는 방법이다."라고 했다. 만약 처지를 바꾸어 상대방이 느닷없이 이렇게 나오면, 그것은 당신이 그의 아픈 약점을 건드렸다는 확실한 신호다. "이것은 그의 입장에서는 어쩔 도리 없는 침묵이나 마찬가지이므로 자극받은 이 지점을 계속 몰아붙여 상대방이 약점으로부터 달아나지 못하도록 해야 한다"(요령 34)는 것이 쇼펜하우어의 전략이다.

상대방이 뜻밖에 화를 낼 때도 마찬가지다. "상대방이 어떤 논거에 뜻밖에 특히 화를 낸다면 이 논거를 집요하게 몰아붙여야 한다. 상대방의 화를 돋우는 것이 우리에게 좋을 뿐만 아니라, 그의 사고 과정의 약점을 건드렸다고 추측할 수 있기 때문이다."(요령 27) 바로 이 부분이 눈에 보이는 것 이상으로 어쩌면 공격에 취약할 수 있기 때문이라는 것이다. 무사시도 '적이 무너지는 순간을 포착하라'에서 기세가 한풀 꺾여 적이 허물어지는 순간을 놓치지 말고 계속해서 궁지로 몰아붙이라고 충고한다. 상대방이 허물어지는 순간 일격을 가해 적이 반격하지 못하도록 확실하게 결정타를 날리는 것이 중요하다. 무너지는 박자를 놓치면 적이 다시 힘을 낼 수 있으니 그 순간에 강하게 공격해 확실한 결정타를 날리라는 것이다.

반면 우리 자신이 궁지에 빠질 수도 있다. 그럴 때는 '논점의 전환'을 취하라고 했다. 쇼펜하우어는 이렇게 말한다.

"상대방이 우리를 효과적으로 공격할 논증을 움켜잡았다고 파악되는 순간, 우리는 논쟁이 이런 식으로 진행되게 해서는 안 될 것이다. 다시 말해 그가 논쟁을 끝까지 관철하게 하지 말고 늦지 않게 논쟁의 진행을 중단시키거나 또는 다른 방향으로 돌리고, 다른 명제로 넘어가야 한다. 요컨대 논점의 전환을 꾀하도록 해야 한다."(요령 18)

요령 29에서도 비슷한 방법을 제시하고 있다. 즉 상대방에게 질 것 같은 분위기를 감지하면 느닷없이 화제를 다른 데로 돌리라는 것이다. "우리가 논쟁에서 지고 있다는 것을 알게 되면 국면의 전환을 시도할 수 있다. 즉, 마치 논쟁 중인 문제에 속하고, 상대방에 대항하는 논거인 것처럼 갑자기 전혀 다른 화제를 꺼내기 시작한다."(요령 29) 이것은 사람의 주의나 관심을 딴 곳으로 쏠리게 하는 훈제 청어red herring의 오류와 유사한 방법으로, 이는 논리학상으로는 논점 일탈의 오류를 범하는 것이다. 우리는 일상생활에서 늘 이런 상황과 마주친다. 왜 남의 발을 밟았느냐고 항의하면, 왜 반말을 하느냐고 시비를 거는 식이다. 그러나 쇼펜하우어는 논쟁에서 이런 화제의 전환은 달리 뾰족한 수가 없는 경우에만 사용해야 한다고 충고한다.

사람들은 논쟁을 벌이다가 반대 논거를 제시하지 못하면 화를 내며 난폭한 수단에 의지하기도 한다. 그것은 반대 논거와 같은 효과를 내고 좀 더 손쉽게 쓸 수 있기 때문이다. 프랭클린이 인간이라는 종種을 가리켜 '도구를 만드는 동물'이라고 정의한 것처럼, 논쟁은 인간 특유의 무기를 가지고 결투라는 형태로 수행되며, 그 결과 최종적인 판정이 내려진다. 쇼펜하우어가 가르쳐준 마지막 한 수는 함무라비 법전의 '눈에는 눈, 이에는 이'[179] 식으로 대응하라는 것이다. 인신공격에는 똑같이 인신공격으로 대응하고, 모독에는 모독으로 나가고, 무례한 술수에는 더 무례한 술수로 갚으라는 식이다. 참으로 뻔뻔한 가르침이지만 막상 말싸움이 벌어지면 어쩔 도리가 없다. 검은 위험하지만 자신의 목숨을 지켜주듯이, 교활한 혀도 터무니없는 공격으로부터 자신을 안전하게 지켜줄 수 있다.

이러한 인신공격은 논쟁에서 이길 수 없을 것 같을 때 거친 언사로 모욕하며 그 사람 개인을 공격하는 방법이다. 대인 논증이 상대방이 말했거나 인정한 내용을 가지고 논쟁하는 것이라면, 인신공격은 주제

---

179 함무라비 법전의 '눈에는 눈, 이에는 이'라는 말은 똑같은 복수를 하라는 잔인한 말처럼 느껴질 수도 있다. 하지만 이 법의 실제 의미는 '당한 만큼 그대로 갚아 줘.'라는 뜻보다는 '그들의 부모, 형제, 또는 부족 간의 싸움으로 번지지 않도록 과도하게 복수하지 마라.'라는 뜻을 강조한 것이다.

를 완전히 벗어나 상대방이라는 개인 자체를 공격 목표로 삼는다. 그러므로 상대방의 감정을 상하게 하고, 악의적인 말을 퍼붓고, 모욕하며 거칠게 대하게 된다. 그러나 쇼펜하우어는 상대방이 인신공격으로 나올 때 반대로 차분히 대응할 것도 주문하고 있다. 차갑고도 냉정한 태도가 우리에게 도움이 될 수 있다는 것이다. 즉 상대방이 인신공격으로 나오는 순간 "그것은 논쟁 중인 사안과는 관계가 없습니다."라고 차분히 응수하라고 조언한다. 그러고는 그의 주장이 틀렸다는 것을 계속 증명한다. 그러면서 그의 모욕적인 언사에 대해서는 신경 쓰지 않는다. 그러므로 마치 테미스토클레스가 에우리비아데스에게 하듯 "나를 치시오, 하지만 내 말 좀 들어보시오."라고 하라는 것이다. 그러나 보통 사람이 막상 이런 태도를 취하기가 쉬운 일은 아니다.

고대의 현자들은 이같이 의연한 대응을 하기도 했다. 소크라테스는 자주 논쟁을 벌였기 때문에 가끔 폭행을 당하는 일이 있었지만 의연히 견뎌냈다. 한번은 그가 발길에 차였을 때 끈기 있게 참는 것을 보고 놀라는 사람에게 이렇게 말했다고 한다. "내가 노새에게 차였다고 해서 노새를 고소하겠는가?"(『디오게네스 라에르티오스』, 제2권 21장) 또 한번은 어떤 사람이 소크라테스에게 "저 사람은 당신을 모욕하고 비방하지 않습니까?"라고 말했더니 "아닐세. 저 사람이 하는 말은 나에게 해당되는 말이 아닐세."(『디오게네스 라에르티오스』, 36장)라고 아무렇지 않다는 듯이 대답했다.

이처럼 고대 그리스인은 명예훼손에 대해 의연하게 대처했다. 그들은 재판에 의한 명예회복밖에 알지 못했고, 현명한 사람들은 이러한 명예회복마저 거부했다. 시노페의 디오게네스는 아테네의 술 취한 시민에게 얻어맞은 일에 대해 멜레시포스에게 보내는 편지에서 그런 것은 자기에게 아무 일도 아니라는 의미의 글을 남겼다(『디오게네스 라에르티오스』, 제4권 33절).

고대인은 기사적騎士的인 원칙에 대해선 전혀 알지 못했다. 고대인은 모든 면에서 공명정대하고 자연스러운 견해를 충실히 따랐기에 잔뜩 찌푸린 꼴사나운 얼굴을 용납할 수 없었던 것이다. 그 때문에 고대인은 얼굴을 맞아도 그것 자체로, 즉 사소한 신체적 침해로만 생각할 뿐, 그것에 별다른 의미를 부여하지 않았다. 반면에 근대인에게는 그럴 경우 파국이나 비극의 소재가 되었다.

고대의 전설적 인물인 에피카르모스가 노래했듯이 제가끔 자기 수준에 맞는 생각을 하고 있는 것이다.

> "하등 이상할 게 없다,
> 나는 내 생각을 말하는 것이,
> 저들은 자신이 제 마음에 들어
> 망상에 빠져 있는 것이.
> 그들은 칭찬받을 만할지도 모른다,
> 개에게는 개가, 황소에게는 황소가
> 나귀에게는 나귀가, 돼지에게는 돼지가
> 가장 멋져 보이는 법이니."

아마 멋지고 위대한 사상이나 천재의 걸작도 받아들이는 사람이 형편없고 모자란다면 이와 마찬가지일 것이다. 바보와 이야기하는 것은 잠자는 자와 이야기하는 것과 같다는 말이 있다. 이야기가 끝나면 그런 자는 그제야 무슨 일이 있었는지 반문한다. 그리고 햄릿은 '익살

맞은 이야기도 바보의 귀에서는 잠들어버린다'라고 말한다. 괴테 역시 이런 글을 남겼다.

"아무리 훌륭한 말이라도
들는 자의 귀가 일그러져 있으면 조롱받는다."

– 괴테, 『서동시집』

괴테는 무지한 자들과는 아예 논쟁에 빠져들지 말라고 조언한다. 일종의 '36계' 전략이다.

"언제라도 그대 자신이
논쟁에 잘못 빠져들지 않도록 하라.
무지한 자들과 논쟁할 때
현자들이 무지에 걸려드는 법이거늘."

– 괴테, 『서동시집』

이처럼 싸우지 않는 것이 제일 좋겠지만 부득이하게 일단 말싸움이 벌어지면 논리를 가장한 상대방의 교묘한 술수와 속임수에 넘어가서는 안 될 것이다. 게다가 방어에만 급급하지 않고 예리한 공격으로 상대방의 궤변에 적절하게 대응하는 것이 중요하다. 그러기 위해서는 이 책을 통해 미리 자신의 관점을 정립하고 충분히 대비해두는 것이 필요할 것이다.

◆ 1788년 2월 22일 유럽 폴란드의 항구 도시인 그단스크(단치히)에서 부유한 상인이었던 아버지 하인리히 쇼펜하우어와 작가인 어머니 요한나 헨리에테 쇼펜하우어(결혼 전 성은 트로지너)의 장남으로 출생했다. 3월 3일 그단스크의 마린키르헤 교회에서 세례를 받는다.

◆ 1793년 3월(5세) 단치히가 프로이센에 합병되자 재산을 버리고 가족이 함부르크로 이주했다.

◆ 1797년 6월 13일(9세) 여동생 아델레가 태어났다. 7월 프랑스 르아브르에 있는 아버지의 사업 협력업자 그레고아르 드 블레지메르의 집에서 2년간 지내는 동안 아들 앙티메와 친해지며 프랑스어를 배운다. 아버지는 쇼펜하우어가 프랑스어를 확실히 익히길 원했고 그 결과에 만족스러워했다.

◆ 1799년 8월(11세) 프랑스에서 돌아와 룽에 박사의 사립 상업학교에 입학하여 4년 간 공부했다. 아버지는 쇼펜하우어가 자신의 뒤를 이어 상인이 되기를 희망했다.

◆ 1800년 7월(12세) 아버지와 함께 3개월간 하노버, 카를스바트, 프라하, 드레스덴을 여행했다.

◆ 1803년 5월(15세) 아버지의 권유로 상인이 되기로 약속하고 온 가족과 함께 네덜란드, 잉글랜드로 여행을 했다. 이 여행은 상인이 되기 싫어하

는 쇼펜하우어를 달래기 위한 것이었다. 런던에 도착하여 신부 랭카스터의 집에서 머물며 런던 윔블던의 어느 학교에 12주간 재학.

- 1804년(16세) 프랑스를 여행했으며 다시 스위스, 빈, 드레스덴, 베를린을 거쳐 돌아왔다. 쇼펜하우어는 여행 도중에 사색하며 많은 일기를 썼는데 삶에 진지한 고민이 많았다. 9월 단치히의 무역상 카브룬에게 상인 실습을 시작했으나 관심이 없었다. 9월 단치히의 마린키르헤 교회에서 안수의례를 받는다.

- 1805년 1월(17세) 함부르크의 거상 예니쉬의 상업사무실에서 수습사원으로 근무하기 시작. 4월 20일 아버지가 창고 통풍창에서 떨어져 사망했는데 실은 우울증에 시달리다 자살한 것으로 추정된다. 이때부터 어머니에 대한 반감을 갖게 된다.

- 1806년 9월(18세) 아버지의 사망 후 어머니 요한나는 상회를 정리한 후 딸 아델레와 함께 바이마르로 이주했다. 쇼펜하우어만 함부르크에 남아서 상인 수습을 지속했다. 쇼펜하우어는 몰래 근무지를 이탈하여 골상학[180]으로 유명한 프란츠 요제프 갈의 공개강연을 들으러 가기도 했으며, 아버지의 희망대로 상인이 될 생각은 없었다. 10월 문학 살롱을 연 요한나 쇼펜하우어는 괴테 등 유명작가들과 친교를 맺고 우정을 나누며 활발한 사교생활을 해나간다.

- 1807년 5월(19세) 어머니의 권유로 상인 수습을 중단한 후에 6월 고타에 있는 김나지움에 입학했다. 고전학자인 교장 되링에게서 매일 2시간씩 라틴어를 지도받았고, 그리스어를 엄청난 열정으로 학습한다. 12월 교사 슐체를 풍자하는 시를 썼다가 질책을 들은 후 김나지움을 그만두

---

180 골상학 (骨相學)
골상을 보고 그 사람의 성격·운명 등을 판단하는 학문.

고 바이마르로 이사했지만 어머니, 여동생과 같은 집에서 살지 않고 다른 집에서 혼자 하숙한다. 바이마르의 아우구스트 대공의 애첩인 배우 겸 가수인 카롤리네 야게만을 짝사랑하게 된다.

- 1808년(20세) 대학교 입학준비를 하며 라틴어, 그리스어, 수학, 역사 등을 공부함. 브레슬라우대학 교수 파소프로부터 희랍어를, 김나지움의 교장 렌츠에게서는 라틴어 개인지도를 받음. 에르푸르트를 방문하여 어느 극장에서 나폴레옹이 주최한 연극들이 공연되었는데 쇼펜하우어는 관람할 기회를 얻었다. 연극이 시작되기 전에는 나폴레옹에게 욕설을 해대더니 연극이 끝난 후에는 나폴레옹에게 극찬을 해대느라 호들갑 떠는 여성 관객(지위 높은 귀족 여성)들을 쇼펜하우어는 신랄하게 비난했다.

- 1809년(21세) 쇼펜하우어는 21세의 성년이 되어 유산의 1/3을 물려받는다.

- 1809년~1811년(21세~23세) 괴팅겐대학교 의학부에 입학하여 한 학기 동안 의학을 공부했지만 철학에 더 흥미를 두었다. 대학에서 화학, 물리학, 천문학, 수학, 언어학, 법학, 역사 등 여러 강의에 적극적으로 참여해서 공부한다. 쇼펜하우어는 학교의 몇몇 천박한 교수들의 강의보다도 이미 죽고 없는 과거의 위인들이 남긴 작품들이 더 가치 있을 때가 많다고 생각했다. 강의에 대한 개인적인 감상문과 논평을 많이 썼으며 몇몇 교수들의 의견을 비판하고 논리적으로 반박하는 발언을 서슴지 않았다.

- 1810년(22세) 철학자인 고틀로프 에른스트 슐체Gottlob Ernst Schulze의 강의를 들었다. 슐체에게 특히 플라톤과 칸트를 깊이 연구해보라는 조언을 들었다. 스승 슐체의 진지한 조언은 쇼펜하우어에게 큰 영향을 끼친다. 겨울학기에 플라톤, 칸트, 셸링의 저서를 읽음.

- 1811년(23세) 어머니가 당시 독일 문학계의 거장인 크리스토프 빌란트

에게 쇼펜하우어가 철학 전공을 못하도록 설득해줄 것을 부탁함. 78세인 빌란트는 23세의 쇼펜하우어를 만나 설득은커녕 쇼펜하우어의 태도에 감명을 받아서 자상한 조언과 격려를 해주었다. 결국 쇼펜하우어는 제대로 철학을 공부하기로 결심하여 가을에 베를린대학교(현 베를린 훔볼트대학교)로 전학했다. 베를린대학교에서는 여러 자연과학 강의를 들었고, 피히테, 슐라이어마허의 강의도 들었다. 당대의 유명 학자였던 셸링, 피히테의 사상을 공부했으나 회의를 품고 이들을 혐오하게 되었다. 반면에 고전학자 프리드리히 아우구스트 볼프가 주도하는 고대 그리스 역사와 철학 강의에 쇼펜하우어는 존경심을 표했다.

• 1812년(24세) 플라톤, 칸트 등 여러 사상가를 본격적으로 탐구함. 베이컨, 존 로크, 데이비드 흄 등의 영국 사상가를 깊이 연구함. 슐라이어마허의 강의를 열심히 들었지만 종교와 철학의 합일을 주장한 그에게 커다란 감명을 받지 못했다.

• 1813년(25세) 오스트리아, 프로이센, 러시아 연합군과 프랑스 나폴레옹 군대 사이에 전쟁이 재발했다. 쇼펜하우어는 5월 2일 베를린을 떠나 바이마르에 잠시 머물다가 어머니와 다툰 뒤 루돌슈타트에서 학위 논문인 『충분근거율의 네 겹의 뿌리에 대하여』를 완성했다. 이 논문을 예나대학교에 제출하여 철학 박사학위를 받았다. 11월 바이마르로 돌아온 쇼펜하우어는 괴테에게 자신의 박사학위 논문을 증정했다. 괴테는 이 논문을 보고 나서부터 쇼펜하우어를 제대로 지지하였다. 수개월 동안 괴테와 교제하며 색채론에 관해서 연구하며 토론했고 괴테는 연구에 필요한 지원을 많이 해주었다. 괴테는 가끔 쇼펜하우어를 자기 집에 초대해 다양한 주제를 놓고 대화를 나누었다. 바이마르의 공공도서관에서 아시아 관련 잡지를 읽고 탐구하기 시작했다.

• 1814년 3월(26세) 바이마르의 공공도서관에서 『우파니샤드』의 라틴어

번역본 『우프네카트』를 읽고 탐구했다. 4월 어머니, 어머니의 친구 게르스텐베르크와 쇼펜하우어는 심각한 갈등을 겪었고, 5월 드레스덴으로 간 다음에는 다시는 어머니를 만나지 않았으나 편지교류는 가끔 했다.

◆ 1814~1816년(26세~28세) 드레스덴에 거주하며 1815년부터 『의지와 표상으로서의 세계』를 구상하고 집필한다.

◆ 1816년 5월(28세) 괴테와 색채론에 관해 토론하며 얻은 결실인 「시각과 색채에 대하여」가 발표되었다.

◆ 1818년(30세) 3월 일생의 역작 『의지와 표상으로서의 세계』를 완성하여 12월에 출판일이 1819년으로 인쇄된 초판본 출판되었다. 자신의 책이 역사적 의의가 있다는 것을 확신하던 쇼펜하우어는 1년 동안 100권밖에 팔리지 않자 자신의 책을 몰라보고 무시하는 태도를 취하는 동시대 교수들에 대한 증오심이 차올랐다. 쇼펜하우어는 괴테의 며느리(오틸리에)와 친분이 있던 여동생 아델레의 편지를 통해 괴테가 이 책을 만족스럽게 읽었다는 것을 알았다. 책 출판을 기념 삼아 이탈리아의 피렌체, 로마, 나폴리, 베네치아로 여행했다. 1819년 봄에는 나폴리를 방문하여 영국 청년들과 교류했다. 쇼펜하우어는 영국을 평생 동안 동경했으며 영국인들조차 그가 영국인인 줄 알 정도로 완벽한 영어를 구사했다.

◆ 1819년 4월(31세) 로마를 거쳐 베네치아로 가서 부유하고 지체 높은 여인과 사귀었다. 그러나 단치히의 은행 물Muhl이 파산하는 바람에 쇼펜하우어 일가가 심각한 재정적 위기에 처했다는 소식을 듣고 이탈리아에서 급거 귀국한다. 어머니는 쇼펜하우어의 충고를 무시하다가 낭패를 겪고 말았다. 여동생 아델레와의 관계도 깨어진다. 바이마르로 돌아와 괴테 방문한다. 베를린대학교 철학과에 강사직을 지원한다.

◆ 1820년(32세) 봄에 베를린으로 이사. 베오크 교수 입회하에 '원인의 네 가지 다른 종류에 대하여'라는 제목으로 교직에 취임할 시험강의를 하

고 통과한다. 베를린대학에 강사로 취임하여 '철학 총론 – 세계의 본질과 인간 정신에 대하여'를 매주 강의했다. 강의 계획은 1820~1822, 1826~1831년까지 수립되어 있었지만, 헤겔의 강의와 같은 시간대에 강의하게 해달라고 요청하는 바람에 수강생이 적어서 한 학기 만에 강의가 끝난다. 이후 쇼펜하우어는 자신의 저서 곳곳에서 헤겔, 피히테 같은 강단철학자에 대한 불만을 표출했고 몽상적인 이론을 퍼트려 대중을 속여먹는 저열한 사기꾼, 대중들의 두뇌를 해치는 난센스 삼류작가, '철저히 무능하고 간사한 대학교수 패거리'의 두목이라며 비난했다. 결국 쇼펜하우어는 철학을 대학교에서 강의한다는 것 자체가 부적합하다고 여겼고 교수들의 파벌 자체를 증오했다.

- 1821년(33세) 훗날 메돈으로 알려진 여배우 카롤리네 리히터와 비밀연애를 시작함. 8월 재봉사 카롤리네 루이제 마르케와 심하게 다툰 쇼펜하우어는 이후 5년 남짓 지속된 소송에 시달림. 『하나의 가지』라는 자서전적인 산문 집필.

- 1822년 5월(34세) 두 번째로 이탈리아의 밀라노, 피렌체, 베네치아로 여행. 이탈리아의 문화, 예술, 환경을 경험하고 이에 대해서 배우고 기록했다.

- 1823년 5월(35세) 여행을 마치고 독일 뮌헨으로 돌아옴. 여러 질병과 청각장애를 겪으며 우울한 시기를 보냈다. 뮌헨에서 겨울을 보냈다.

- 1824년(36세) 잘츠캄머구트, 가슈타인(스위스), 만하임, 드레스덴에서 체류함. 쇼펜하우어는 "멀쩡히 잘 걷는다는 사실만으로 나와 수준이 대등하다고 여기는 인간들과 가급적 사귀지 않기로 결심했다"고 일기에 쓰며 고독한 심정을 드러냈다. 11월에 데이비드 흄의 『종교의 자연사』와 『자연종교에 관한 대화』 등을 번역할 계획이었으나 도와줄 출판사를 구하지 못하고 말았다. 『의지와 표상으로서의 세계』에 대한 악평이 좀 나

오기도 했으나 낭만주의 작가 장 파울은 '천재성, 심오함, 통찰력을 가득 머금었으되 대담하면서도 철학적 다재다능함도 과시하는 저작'이라고 호평했다.

• 1825년 4월(37세) 베를린으로 돌아와 다시 한 번 강의를 시도하지만 실패한다. 우울한 나날을 보내며 스페인어를 열심히 공부한다.

• 1827년 5월(39세) 재봉사 카롤리네 마르케와의 소송에서 패소하여 그녀가 죽을 때까지 생활비를 지급한다.

• 1828년(40세) 어머니와 여동생이 바이마르를 떠나 본에서 생활함. 발타자르 그라시안의 저서를 번역하기 시작

• 1830년(42세) 「시각과 색채에 대하여」 라틴어본이 「안과학계 소수자들의 논문」 제3권에 수록되어 출판됨.

• 1831년 8월(43세) 콜레라가 베를린에 창궐하자 그곳을 떠나 프랑크푸르트로 피신함. 반면 헤겔은 피난을 가지 않고 있다가 콜레라에 걸려 사망함.

• 1832년 1~2월(44세) 프랑크푸르트의 자신의 방에서만 칩거. 4월 발타자르 그라시안의 저서 번역 완료. 7월 만하임으로 가서 다음 해 1832년 6월까지 머무른다.

• 1833년 7월(45세) 프랑크푸르트에 정착하여 평생 그곳에서 거주한다. 유행이 지난 옷을 항상 입고 다녔으며 애완견 푸들을 데리고 정해진 시간에 속보로 산책을 했고, 혼잣말로 이상한 소리를 하기도 하여 주민들의 희한한 구경거리가 됨. 쇼펜하우어의 저서가 사람들의 관심을 받고 서서히 알려지기 시작. 이쯤에 쇼펜하우어는 여동생과 어머니와 편지교류를 했고 작품 활동으로 나날을 보내던 어머니는 아들을 걱정하는 편지를 보냈다.

• 1835년(47세) 프랑크푸르트에서는 세상을 떠난 괴테를 위해 기념비 건

립 계획을 세웠다. 쇼펜하우어는 당국에 괴테 기념비에 관한 건의서를 제출했다. 인류를 위해 온몸으로 활동한 정치인들, 군인들, 개혁자들 같은 위인들을 기념하려면 전신상으로 해야 하지만 머리를 써서 기여한 문학가, 철학자, 과학자들을 기념하려면 흉상을 제작하는 것이 좋다는 주장이었다. 하지만 이 의견은 받아들여지지 않았다. 완성된 괴테의 전신상 기념비는 매우 볼품없었고 훗날 미술사학자 프란츠는 이 기념비에 대해 '국가적 재앙'이라는 혹평을 내렸다.

- 1836년 5월(48세) 자연과학이 증명해낸 것과 자신의 학설이 일치한다는 생각을 반영한 『자연에서의 의지에 대하여』를 출판. 매우 꾸준히 학문에 매진했다.

- 1837년(49세) 쇼펜하우어는 『순수이성비판』 A판(1판)을 B(2판)판보다 중시하여 칸트 전집 출판에 개입한다. 칸트 전집 출판에 관여한 카를 로젠크란츠는 쇼펜하우어의 건의사항을 받아들여 1판 원고를 실어 출판했다. 노르웨이 왕립 학술원의 현상논문 모집에 응모하기로 결정함.

- 1838년(50세) 4월 17일 모친 요한나 쇼펜하우어가 72세의 나이로 사망했지만 장례식에는 참석하지 않았다. 덴마크 왕립학술원의 현상논문 모집 공고를 보고 응모하기로 결정함.

- 1839년(51세) 1월 현상 논문 「인간 의지의 자유에 대하여」로 노르웨이 왕립학술원으로부터 수상함.

- 1840년(52세) 1월 현상 논문 「도덕의 기초에 대하여」로 덴마크 왕립학술원에 단독으로 지원했지만 입선만 하고 우수상을 받지 못함. 학술원은 '이 시대의 대단한 철학자들'인 헤겔, 피히테 등을 비난했다는 등의 이유로 부당한 판정을 하면서 상을 주지 않음. 이후 쇼펜하우어는 '하찮은 판정'이라 취급했고 이 판정에 반론하는 글을 추가하여 책으로 출판했다. 거기서 헤겔을 심각하게 비난한 것은 인정하지만 헤겔이 대단한

철학자라는 것은 인정하지 못한다고 주장했다.

- 1841년(53세) 두 개의 현상 논문을 묶어서 『윤리학의 두 가지 근본문제』를 출간함.

- 1842년(54세) 여동생 아델레를 20년 만에 만남. 재봉사 카롤리네 루이제 마르케 사망.

- 1844년 2월(56세) 『의지와 표상으로서의 세계』 제2판이 두 권으로 확장되어 출간된다.

- 1845년(57세) 『소품과 부록Parerga und Paralipomena』을 집필하기 시작함.

- 1846년(58세) 쇼펜하우어의 열혈 추종자 율리우스 프라우엔슈태트가 쇼펜하우어를 만나 제자로 지낸다. 특히 도르구트, 베커, 도스 같은 법조인들이 열혈 팬이 되어 쇼펜하우어를 격찬하기 시작한다. 쇼펜하우어는 변호사 요한 베커가 자신의 사상을 깊이 이해하고 있으나 그것을 글로 쓰지 않았다며 아쉬운 마음을 드러내기도 한다.

- 1847년(59세) 빌헬름 폰 그비너와 처음 만남. 『충분근거율의 네 겹의 뿌리에 대하여』 개정판을 출간.

- 1848년 9월(60세) 프랑크푸르트의 길거리에서 48혁명의 총격전을 목격함.

- 1849년(61세) 여동생을 마지막으로 만남. 여동생 아델레가 4월 25일 본에서 사망했지만 장례식에는 참석하지 않음. 흰색 푸들이 죽자 갈색 푸들 입양해 역시 아트만으로 부름

- 1851년(63세) 11월 『의지와 표상으로서의 세계』의 '부록' 격인 『소품과 부록』을 5년간 집필한 끝에 어렵게 출간함. 출판사의 부정적인 예상과는 달리 이 작품은 얼마 안 가 쇼펜하우어의 책들 가운데 가장 많이 팔려나가고 인기를 끌면서 그의 철학이 일반 대중에게 수용되는 계기가 된다.

◆ 1852년(64세) 『노령老齡』 집필. 유언장을 작성한다. 함부르크의 〈계절〉 지에서 『소품과 부록』에 대한 열광적인 찬사를 게재한 책자를 보내옴.

◆ 1853년(65세) 영국의 독일어책 번역가인 존 옥슨포느가 〈웨스드 민스터 리뷰〉에 「독일철학에 내재된 우상 파괴주의」라는 글로 쇼펜하우어의 사상을 익명으로 소개하여 최초로 영국에 알린다. 독일의 여성 언론인 린트나가 이를 다시 독일어로 번역하여 베를린의 포스신문에 발표하였다.

◆ 1854년(66세) 『자연에서의 의지에 대하여』 제2판 출간. 이 책에서도 쇼펜하우어는 헤겔과 헤겔의 '교수 파벌' 때문에 독일 철학계가 오염되었다고 비판을 하며 대학교에서 철학을 배우려는 것은 인생 낭비에 불과하니 자신의 사상과 칸트의 사상을 공부하라는 충고를 한다. 12월 『시각과 색채』 개정판 출간. 쇼펜하우어가 가장 하찮은 철학 교수라 불렀던 셸링이 사망했다. 리하르트 바그너가 쇼펜하우어에게 〈니벨룽의 반지〉의 헌정본을 보냈다. 쇼펜하우어가 바그너를 알게 됨. 바그너는 쇼펜하우어에게 혹평을 받고 냉대받았으나 개의치 않고 기뻐했다. 프라우엔슈태트가 『쇼펜하우어 철학에 관한 서간집』 공표.

◆ 1855년(67세) 라이프치히대학의 철학과가 '쇼펜하우어 철학 원리에 대한 해명과 비판'이라는 현상 과제를 제시함. 여러 대학에서 쇼펜하우어의 사상 관련 강의가 개설되기 시작함. 프랑스 화가 줄 룬테슈츠가 유화로 그린 쇼펜하우어 초상화가 프랑크푸르트 미술 전시회에 출품됨. 다비트 아셔가 '독학獨學의 박사 쇼펜하우어에게 보내는 공개장' 발표.

◆ 1856년(68세) 룬테슈츠가 그린 초상화가 화려한 석판으로 나와 판매됨. 라이프치히대학에서 '쇼펜하우어 철학의 핵심 해설 및 비판'이라는 현상 논문을 모집함.

◆ 1857년(69세) 카를 G. 벨(법률고문관)이 그 현상 논문에 2등으로 당선.

이 논문을 『쇼펜하우어 철학의 개요 및 비판적 해설』이라는 표제로 출판. 쇼펜하우어에 대한 강의가 본대학교와 브레슬라우대학교에 개설됨. 쇼펜하우어의 몇몇 책이 영국, 프랑스에 번역됨. 프랑크푸르트의 어느 박람회를 구경하면서 유럽에는 매우 보기 드문 오랑우탄을 관찰함. 자주 찾아가서 관찰했으나 관찰할 기회를 너무 늦게 만났다며 한탄했다.

- 1858년(70세) 2월 20일 쇼펜하우어 70세 생일파티가 열렸고 신문 기사에도 생일파티 소식이 실렸다. 룬테슈츠가 쇼펜하우어의 두 번째 유화 초상화를 완성. 유럽 각지에서 쇼펜하우어를 만나기 위해 손님들이 찾아왔다. 베를린 왕립학술원에서 쇼펜하우어를 뒤늦게 회원으로 추대하고자 했지만 쇼펜하우어는 나이가 많다는 등의 이유로 거절했다.

- 1859년(71세) 화가 안기르베르트 게이베르에게 유화 초상화를 그리게 함. 젊은 여조각가 엘리자베트 네이가 쇼펜하우어 상반신을 조각함. 11월 『의지와 표상으로서의 세계』 제3판이 출간됨.

- 1860년(72세) 프랑스 〈독일 평론〉지에 마이어의 「쇼펜하우어에 의해 고쳐 쓰인 사랑의 형이상학」 게재. 『윤리학의 두 가지 근본문제』 제2판 출간. 9월 21일 아침 폐렴 증상을 겪었고, 프랑크푸르트 자택에서 소파에 기댄 채 조용히 숨을 거두었다. 26일 프랑크푸르트의 시립 중앙 묘지에 안장됨. 그의 묘비에는 생몰연대 등 일체의 기록 없이 그의 이름만 새겨져 있다.

- 1862년 발타자르 그라시안의 『세상을 보는 지혜』가 독일에서 출판됨.

쇼펜하우어의 논쟁적 변증술

초판 1쇄 발행 2022년 2월 22일
초판 2쇄 발행 2024년 2월 2일

지은이 아르투어 쇼펜하우어
옮긴이 홍성광

펴낸이 장종표
책임편집 김재완   디자인 씨오디

펴낸곳 도서출판 청송재
등록번호 2020년 2월 11일 제2020-000023호
주소 서울시 송파구 송파대로 201 테라타워2-B동 1620호
전화 02-881-5761   팩스 02-881-5764
홈페이지 www.csjpub.com
페이스북 www.facebook.com/csjpub
블로그 blog.naver.com/campzang
이메일 sol@csjpub.com

ISBN 979-11-91883-07-7 03300